领导者评语

我真希望他们把这本书和我们4900万美元的C轮融资一起给我，二者本来就可以说拥有同样的价值。这本书将最重要的智慧放在一个清晰的结构中，既让人难忘，又能够令人付诸行动。

达雷尔·贝纳塔尔

用户测试公司总裁兼执行主席

这本书是所有想成为领导者的人必读的书。怀亚特先生恰当地指出，领导者不是天生的，是被培养出来的。他这本卓越的书将帮助你磨炼技能、释放领导潜力。带一支笔，做好准备。这不仅是一本书，也是一门关于如何思考、决策、行动和领导的研究生课程。它是所有有雄心壮志的领导者的必读书目！

艾尔登·米尔斯[1]

500强公司的CEO、海军海豹突击队前排级指挥官

①著有《势不可当的团队：高效领导的四项基本行动》（哈珀商业分社，2019）和《做势不可当的人》（蒂尔伯里·豪斯出版社，2019）。

与大多数可以用一两页纸概括的商业类书籍不同，怀亚特针对五种不同领导模式提供了实用而精简的建议。无论你是一个想要更新自己技能的高层领导，还是一个开发自己领导潜能的新经理，这本书都是为你量身定做的。

克里斯·希肯

HFF资本公司普通合伙人

在我职业生涯的几个阶段，我曾与斯图尔特·怀亚特共事，曾为他效力，而他也曾为我效力。这样的经历使我能够见证，人们可以通过使用五种领导模式在激励实证主义和人与资源的实际协调之间取得有效的平衡。这样的结果是我亲眼见证并亲身经历的，它的确有效。

史蒂夫·C.布拉奇

赫氏设计公司首席执行官，普罗米修斯全球教育前主管

领导力是锻炼出来的

5 MODES OF LEADERSHIP

[英] 斯图尔特·怀亚特——著
李倩——译

北京时代华文书局

图书在版编目（CIP）数据

领导力是锻炼出来的 /（英）斯图尔特·怀亚特著 ；李倩译．-- 北京 ：北京时代华文书局，2020.11

书名原文：5 MODES OF LEADERSHIP

ISBN 978-7-5699-3954-5

Ⅰ．①领… Ⅱ．①斯… ②李… Ⅲ．①领导学 Ⅳ．①C933

中国版本图书馆 CIP 数据核字（2020）第 231026 号

北京市版权局著作权合同登记号　图字：01-2019-7885

Original edition: Legend Business Ltd

领导力是锻炼出来的

Lingdaoli Shi Duanlian Chulai de

著　　者 | [英] 斯图尔特·怀亚特
译　　者 | 李　倩

出 版 人 | 陈　涛
责任编辑 | 周海燕
执行编辑 | 黄　琴
责任校对 | 陈冬梅
封面设计 | 程　慧
版式设计 | 赵芝英
责任印制 | 訾　敬

出版发行 | 北京时代华文书局 http://www.bjsdsj.com.cn
北京市东城区安定门外大街 138 号皇城国际大厦 A 座 8 楼
邮编：100011　电话：010-64267955　64267677
印　　刷 | 三河市兴博印务有限公司　0316-5166530
（如发现印装质量问题，请与印刷厂联系调换）
开　　本 | 880mm×1230mm　1/32　印　　张 | 6　字　　数 | 120 千字
版　　次 | 2021 年 5 月第 1 版　印　　次 | 2021 年 5 月第 1 次印刷
书　　号 | ISBN 978-7-5699-3954-5
定　　价 | 45.00 元

这本书提供了一个令人信服的行动手册，可以让你和团队发挥出最佳水平。这些想法以易于阅读、易于记忆和易于实现的方式呈现出来。

布伦特·朗

Vocera通信公司董事长兼首席执行官

对任何一个认真学习管理和领导力的人来说，这都是一本不可或缺的参考书。

乔·库森斯

巴斯酒吧有限公司总经理

斯图尔特·怀亚特是我见过的最自律、最高效的商业领袖。这本书展示了我亲眼看到的他在过去30年里成功采用的措施。每一位领导者和管理者都应该阅读这本书，并考虑利用他的经验教训来获得更大成功。

麦克·菲斯

Headsets耳机公司首席执行官

感谢传奇商业的莉莎·帕德雷斯和汤姆·查默斯对这本书的信任。我也非常感谢许多管理者和领导者给了我有用的反馈。要提到的名字有太多太多，不过我必须特别感谢安妮亚·怀亚特和大卫·凯里，他们给予了我全面而宝贵的评论。巴里·菲斯也发挥了关键作用，给予我长期的鼓励和支持。谢谢我的经纪人罗宾·韦德和我的妻子特丽，在他们的指导下，我的行文才能通俗易懂。没有他们两个人，这本书是无法完成的。

五种领导模式

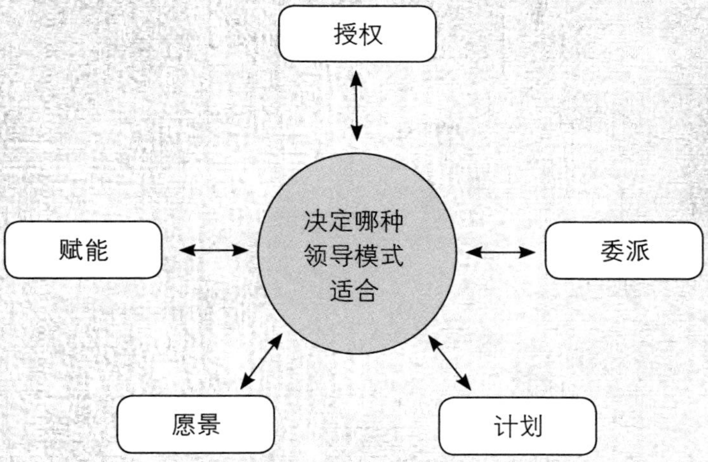

你需要根据具体情形采用适合的领导模式。在带领团队时，你会在这几种模式中来回切换，使方法与情况相适应。你还可能经常选择不同的模式来领导不同的人。

引　言

亲爱的读者：

伟大的领导者们会在不同的时间采取不同的行动模式。例如，领导者有时会毫不动摇地下定决心，将承诺贯彻到底。然而，在另一种情况下，同一位领导者似乎本能地知道什么时候应该放弃某个毫无希望的计划，继而转向新的方向。

有时，我们会看到领导者在向团队成员咨询时会专注地倾听，采用一种包容性的咨询风格。但是，在另一种情况下，领导者会霸道地发出命令，并期待员工立即服从、采取行动。

我们可能会看到领导者别有深意地卷起袖子，引领团队前进。但有时他会消失一段时间，然后重新出现，分享一个新的成功愿景。最有效率的领导者似乎可以毫不费力地在不同的领导风格之间切换。他们似乎本能地知道该做什么、什么时候做。

有些乍一看出自本能的东西，其实更可能是学习、训练和实践的结果。我们可以将他们的行为分为五种截然不同的领导模式：愿景、计划、委派、赋能和授权。这本书解释了这五种领导模式、何时采用哪种模式，以及具体采取什么行动。你会读到更多关于有效领导力的见解，还有很多关于“操作方法”的指导。

结合你个人的经历，你可能受过领导不力的苦，因为有些领导的素质确实有点差。这对你来说却是个好消息，因为这意味着你可以从员工中脱颖而出，享受不寻常的成功。这本书将告诉你如何去领导别人，使他们愿意为你效力，以及如何有效发挥他们的力量，使他们集中精力为你带来你想要的结果。

这五种领导模式为你提供了一种简单但没有过分简化的方式，来处理当领导的复杂性。但首先我们必须识别一个弥天大谎。

有些人天生就是领袖，而其他人跟他们相比则有着巨大的劣势，这种想法是不正确的。例如，人们经常以拿破仑·波拿巴为例来支持“天生领袖”。在拿破仑小时候，他的同学给他起了个绰号叫“小下士”，因为他总想当负责人。当时他的领导欲已经显现出来，但他还没有这个能力。拿破仑在一所著名的军事学院，学习了伟大军事领袖的事迹，磨炼了自己作为一名初级炮兵军官的领导技能。

拿破仑的努力得到了回报，他在26岁时被提拔为法国最大的军队——内政部的指挥官，后来成为法国皇帝和意大利国王。他是一个意志坚定的人，有领导别人的欲望，有学习的动力，愿意承担责任并实践自己的技能。

既然你选择读这本书，就说明你已经具备了拿破仑的前两个特点：领导欲和学习动力。如果你读了这本书，把这些想法付诸行动，你也将拥有拿破仑的其他特质：负责、行动和实践。要成为领导者不需要什么神奇的特质，而是需要一套基本方法和技能，所有普通人也可以学习。

市面上有很多关于管理和领导的书籍。因此，你可能会想，有没有可能把关于领导力的最重要的课程浓缩到一本小册子里。答案当然是肯定的。

我能想象到你在生活中忙忙碌碌，没有多少时间读书和学习。因此，我试图使文本简短、中肯、易懂，并始终把重点放在有效的行动上。

在我作为经理、培训师、临时行政人员和管理咨询师的三十多年的经验中，我发现，当一个人把潜在的领导行为分为五种不同的行为模式时，他能够更加容易地透过杂乱无章的事物看到本质。这就是五种领导模式。我和其他人已经把本书中的经验教训传授给了各个层次、各种组织的管理者和领导者。采用这五种领导模式的人反馈说，他们很快就变得更有效率，并因其领导技能而受到尊重。

我不会提供魔法棒式的解决方案。有时，这五种领导模式使用起来可能并不是一帆风顺。正如西奥多·罗斯福[1]所说："任何伟大的成就都离不开努力。"但坚持下去，你一定会得到回报。

这五种领导模式向你展示了如何主动分析自己的处境，并选取最合适的行动。这将使你感受到自己能更多地控制面对的人和事，从而增加团队的总体信心水平，激励人们追随你的领导。通过采取适当的领导方式，你可以使人们分享你的成功愿景，使他们愿意为你的目标而努力。你可以让他们发挥出最大的能力，这反过来又会激发他们的动力。

注意：阅读固然好，但只有我们的行动才能带来改变。在你阅读时，我敦促你不断学习、思考、决定和行动。你一定会从努力中获得巨大回报。

前路漫漫，祝君好运。

斯图尔特·怀亚特

---

[1] 政治家、作家、探险家、军人、博物学家和改革家。美利坚合众国第26任总统。

领导力是一门艺术，就是让别人主动去做一些你希望他完成的事情。

——德怀特·D.艾森豪威尔（1890—1969），美利坚合众国第三十四任总统，二战期间欧洲盟军最高指挥官。

目录 CONTENTS

假如你的行动激励他人梦想更多、学习更多、行动更多及成就更多，那你就是领袖。

——约翰·昆西·亚当斯（1767—1848），美利坚合众国第六任总统。

定　义

领导力

建立一个清晰的愿景，并与其他人分享，让他们心甘情愿地遵循。提供实现这一愿景的信息、知识和方法。激励人们去执行和参与实现一个目标。领导一群人的活动或领导一群人的能力。

模式

一种做某事可能的、习惯的或偏爱的方式。一种行为方式，尤其指成为本能的、熟悉的或习惯性的类型。

愿景

用想象力或智慧来思考或计划未来的能力。未来将会是或可能是什么样子的生动图像。

目标

期望的最终结果。

目的

实现上述目标所需的许多可确定的步骤或进展措施之一。

项目

个人或合作企业为实现一个目标，往往受到时间、质量和成本目标的约束，这通常被称为“三重约束”。

领袖就是一个贩卖希望的商人。

——拿破仑·波拿巴（1769—1821），法国皇帝和意大利国王。

如何充分利用本书

1.阅读第一部分，它解释了信念、系统组织、领导和管理如何结合在一起，创造出使用五种领导模式的环境。

2.阅读第二部分，你要同时思考自己和团队的认知。

3.你可以直接读完第三部分，但如果你按照下面的几点要求去做，无论是做的时候还是未来，你都会收获更多：

· 如有必要，请阅读第四部分中的“操作方法”指导。

· 第五部分提供了书中图表和清单的快速参考副本。

a）思考一个你正在努力实现的目标。

b）使用第9章和第11章中的认知图来选择适当的领导模式：愿景、计划、委派、赋能、授权。

c）阅读内容涵盖对你将采用的模式和建议的领导行为进行解释的章节。采取行动，实现目标。

d）重复上述a、b和c步骤，将五种模式整合到你的领导技能中。

建议阅读顺序

↓

阅读第一部分（第1—7章）

↓

阅读第二部分（第8—11章）

↓

当你开始针对一个“真正的”当前目标运用领导模式时，请参考第三部分。

a）思考一个你正在努力实现的目标。

b）使用第9章和第11章中的认知图来选择适当的领导模式：愿景、计划、委派、赋能、授权。

c）阅读内容涵盖对你将采用的模式和建议的领导行为进行解释的章节。采取行动，实现目标。

↓

重复上述a、b和c步骤，将五种模式整合到你的领导技能中。

↓

如有必要，请阅读第四部分中的“操作方法”指导。

如有必要，请参考第五部分中的“快速查阅”。

目前阶段要点

· 领导者都是天生的，这是一个谎言。通过努力实践，任何具有基本智力水平或在其之上的人都可以成为高效的领导者。

· 领导者需要积极主动的行动。领导者具有的品质是：学习、思考、决定、行动。

· 通过努力实践，几乎人人都可以成为出色的领导者，其从平平无奇到出类拔萃的转变速度令人瞠目。

优秀这门艺术是通过训练和习惯化而获得的。我们不是因为拥有美德或优秀才正确行事，而是因为正确行事才拥有美德与优秀。每天反复做的事造就了我们自己，然后你会发现，优秀不是一种行为，而是一种习惯。

——亚里士多德（前384—前322），古希腊哲学家、科学家和物理学家。

无论你是谁，要做个好人。

——亚伯拉罕·林肯（1809—1865），美国第十六任总统，领导美国度过内战时期，废除了奴隶制，实现了经济现代化。

第一部分

信念、系统组织、领导和管理如何结合在一起

成功需要的努力比失败要少。换句话说：失败意味着你勤勤恳恳却一无所获！如果少做点工作，有系统地指导，你就会成功。

第1章　取得结果的关键在于认知

有些人每天上班只是在机械地度日。对于某些工作来说，这种态度可能是完全可以接受的。比如在工厂的流水线或运输部门，工人们只是重复执行一系列简单的任务，以至于在工作时几乎不需要思考。但随着计算机自动控制接手了这些工作，这样的岗位上的人员越来越少了。

可以想见，未来会有越来越多的工作由人力控制转换为计算机自动控制。那么可以这样说，人们工作时不仅需要调动体力，还需要调动脑力。而员工的自由思考会使身为领导者的你面对更复杂的情况。

他们在思考有关领导者、工作和同事的情况时，就是在不断地认知眼前的工作。而在这个过程中，他们有意或无意地思考的一件事，就是成功或失败的可能性。当然，你作为领导者也是如此。我们要针对这些想法进行评估，进而衡量出成功的可能性。

评估当前工作的目标

首先，立刻在纸上写下你当前的每个目标[1]。

其次，逐个评估你的团队成功的可能性。针对每个目标，在下列9个选项中分别选出最合适的答案，然后将对应的序号（1—9）写在目标的旁边。

举个例子，如果你的目标之一是“搬入新办公室”，而你确定这件事可以在规定的日期前完美地完成，那么就将这个目标评为“9级”，并在目标旁边记下9分。

以下是9个选项：

1．我希望我能够回答这个问题，但我连团队的目标是什么都不知道。

2．我不确定该如何回答，因为我根本就不可能知道成功的概率是多少。我们只能尽人事，听天命。

3．我对于自己和团队的能力很有信心，但基于我对这份工作的

[1] 在日常用语中，“目标”（goal）和“目的”（objective）含义很相似。但在本书（以及项目管理）中，它们有着不同的含义。目标指的是在大量工作后所期望达到的最终结果，即最终目标。而目的指的是在实现最终目标的过程中，所需要实现的每个可定义的进度或步骤。

了解，我认为目前有些目标不切实际，因此无法完成。

4. 我也希望自己可以更有信心，但其实我不确定我们能否完成目标。

5. 我们也许可以完成目标，但过程会有些艰难。

6. 我们会在某些方面取得成功，但可能因此无法完成其他目标。

7. 成败的概率是一半一半。

8. 成功的概率很大，但没有先例。

9. 我敢肯定，只要利用目前的可用资源（时间、质量、预算），我们就可以保质保量地按时完成目标。

现在，来为每个目标评分吧！

现在，在你的目标列表上，每个目标都有了对应的评分，分数越高越好。接下来，请你转换视角，从团队成员的角度来看待这些工作。

思考团队成员的认知

逐一思考团队中的关键角色，在心中设想他们畅所欲言地表达出他们真正的想法。从理论上来说，此时他们每个人会从上面9个选项中选择哪个来评估成功的可能性呢？

这样的练习活动值得你花费时间和精力去做。列出团队中的关键角色，记下你认为他们每个人可能给出的答案。

团队中每个人的答案都至关重要。他们的观点是你和你的团队迈向成功的重要向导。因为团队成员的信念与他们所付出的努力和表现有着直接且实质性的影响，进而也会影响你的结果。

如果你的团队成员不相信他们自己能成事，他们的表现就很有可能达不到标准，甚至一败涂地。同样，如果你不相信自己能成事，可能就会失败。因为取得结果的关键在于认知。

当你给大家一项新的工作，或者规定了截止时间时，他们就会立刻开始提前思考。他们不仅会思考如何与手头的工作统筹兼顾，还会思考自己有没有胜任的能力。我们都会这样做，但每个人思考的细致程度和准确评估情况的能力水平不同。

· 我们拥有必要的技能和资源吗?

· 这项工作的难易程度如何?

· 我们会遇到怎样的障碍?

· 我们需要借助他人的力量吗?

· 这些人会让我们失望吗?

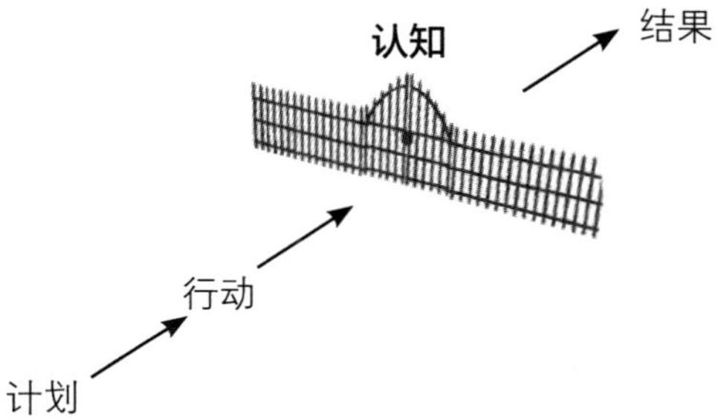

· 我们会失败吗?

一想到挑战就在前方，我们就会压制住内心自然而然产生的积极或消极情绪。我们会思考所有显而易见的风险，预测发生意外问题的可能。在衡量了这些因素之后，我们会对成败的可能性做出一个判断。

很多人不会这样系统地沿着上述的思路走，也有很多人根据直觉立刻得出结论。无论是哪种方式，我们都会很快做出介于“这件事小菜一碟”和“这件事简直天方夜谭”之间的某种判断。

无论大家的思考方式如何，是深思熟虑、逻辑推理还是凭借直觉，是带着偏见的还是开放的，是疯狂的还是明智的，每个人都有自己的观点。一定要相信，他们的认知对你能否成为一名成功的领导者有着极大的影响。

信念对成功的影响

在职业体育中，人们对成功或失败的信念展现得最为淋漓尽致。我们来听听对一名奥运会获奖运动员的采访。他经常会表示，信念在他们的成功中起着多么重要的作用[1]。

在2017年第八次摘得温布尔登网球公开赛冠军之后，网球运动员费德勒创造了纪录，他说：“这只是一种信念……只要你相信自己能在生活中大有所成。我就是这么相信的，我也做到了。”

另外，当面试官和失败者交谈时，你常常会发现这些失败者的语言中透露出他们缺乏信念。他们会说“我已经尽力了，但我本来就知道会很困难”，甚至说“我还没准备好面对这样的竞争”。

在工作中，信念的力量并没有表现得这么明显，但其影响是一样的。你将体验到自己的信念是如何影响结果的，无论影响是好是

[1] 这方面的学术研究很多，如朱迪·L. 范·拉阿尔特（斯普林菲尔德学院心理学教授）与安德鲁·文森特合著的《运动与表演中的自我对话》（牛津大学出版社，2017）。

坏。当然，这对你团队中的每个人都一样。

意大利电影制片人费德里科·费里尼对领导大型昂贵项目游刃有余。他说："我们的思想决定事情的发展方向，因为我们会按照自己的期望行事。"1901年创建福特汽车公司的亨利·福特这样说："如果你认为自己可以，那么就可以；而如果你认为自己不行，那么的确不行。"认知对员工的努力质量、精力水平、创造性思维程度等产生了强大的控制力。

因此，许多懂得积极态度重要性的领导者会坚持认为，解决问题的办法是让每个人只谈成功。积极的肯定要成为团队日常语言的一部分。"我们有一种'我能行'的态度。""我们不会遇到问题，我们会克服所有挑战。我们是最棒的。"诸如此类的表达积极情绪的话确实能振奋人心。但真的是这样吗？单凭信念能实现一切吗？当然，有些事情的确是不可能的，还怎么能说积极性是万能的？

西方社会积极思维的兴起，在很大程度上要归功于美国归正会的一位牧师。他在1932年搬到了纽约曼哈顿。他的新教堂隔壁是一家精神科门诊诊所。牧师和他的精神分析师邻居成了朋友，二人联手帮助那些因为疲于应付生活而导致精神状况跌至谷底的人。牧师诺曼·文森特·皮尔观察到，采取持续的积极态度将使人们身心状况得以好转，帮助他们脱离苦海，并常常改变他们的命运。

积累了20年的经验后，牧师写了一本影响深远的书——《积极思维的力量》[1]。这本书每年售出数百万本，催生了一个完整的自助产业并持续至今，数以千计所谓的自助大师出售服务。严肃心理学研究已有60年的历史，近期又对人类大脑做出探究，但是在这些出现之前，皮尔的书就已出版。

核磁共振成像扫描仪使科学家能够描绘出一个人对重复的积极思维模式做出反应时大脑的活动。随着时间的推移，这些重复的模式改变了大脑的路径和物理结构[2]。我们现在更了解大脑如何对积极的想法做出反应，从而影响我们的行动和结果。有趣的是，所有这些科学研究的结果证实了皮尔在1952年所写的内容。它的工作原理是这样的：

当我们不断地引导我们的感觉、语言、视觉、情绪和行动时，我们的大脑就会出现生理变化。我们必须在几个方面采取行动。首先，要确定哪些信念与我们的目标一致。这些信念构成了我们所需的

[1] 《积极思维的力量》，作者诺曼·文森特·皮尔（1898—1993），自1952年首次出版以来一直在印刷。

[2] 有关权威学术文章的摘要，请阅读《建设性和非建设性的重复思考》，2008年由美国心理学会出版，作者是埃克塞特大学爱德华·R. 沃特金斯教授。

新信念的基础。

其次，我们要主动引导自己的思想，让我们在脑海中看到目标的实现。要运用自我对话和情感。有人说，他们经历的内心小剧场有积极的对话、形象的动作、生动的色彩和情感的力量。他们看到、听到、感觉到，甚至能闻到他们想象中即将取得的成功。他们多次重复这种想象，直到坚信自己会实现目标。

我们的信念对我们的行为方式，以及我们为实现目标所付出的心理和生理努力会不可避免地产生非常强烈的影响。因此，我们的思想影响我们的行动，进而影响我们成功的可能性。如果我们身边有一群志同道合的人，随着坚信"我们能做到"的这一共同信念增长，每个人的信心也会随之倍增。

确认偏误

意识到此时存在一种偏误是物有所值的。偏误会潜入我们的思维，使我们的信念膨胀，直到超越现实。我们会受到一种叫作确认偏误效应的影响。

我们人类是非常复杂的。我们拥有非凡的推理能力和处理信息的能力，但我们的大脑也会出现各种各样的小故障，导致我们出错。

其中之一就是人类倾向于确认偏误。正如沃伦·巴菲特[1]所言："人类最擅长的是解读所有新信息，从而保持先前的结论不受影响。"

确认偏误有以下后果需要注意。当我们真正相信有些事情正在发生或者即将发生时，我们倾向于将新的事实和观察结果视为能够证实我们信念的证据。因此，我们可能会认为某一事实恰恰证明我们正在朝着目标前进，而另一个人可能会在面对同样的一件事时却持相反的观点，即我们不太可能实现目标。如果我们受到确认偏误的影响，就会完全忽视他人的观点，甚至给他们贴上愚蠢的标签。

例如，你肯定会注意到以下几点：

右翼人士通常会阅读右翼新闻来源，而谴责左翼报纸印刷的满是谎言和垃圾。同时，他的左翼朋友会做完全相反的事情，但两人仍然相信他们是仅有的实事求是、见多识广的人。

人们经常用那些已根深蒂固于他们的脑海中的观点信息来填充他们的思想，这有助于进一步加强他们现有的信念，从而排除其他可能有效的观点[2]。

---

[1] 沃伦·巴菲特，1930年出生于美国内布拉斯加州，经常被称为"奥马哈的先知"，他是世界上最富有、最受尊敬的商人和慈善家之一。

[2] 有关更详细的介绍，请阅读由塔夫茨大学的雷蒙德·S. 尼克森撰写的论文《确认偏误：一种无处不在的百变现象》（1998年出版，教育出版基金会版权所有）。

即使是以自己的客观性为傲的科学家，也常常会被发现存在这样的情况。这就是为什么科学界依赖很多同行评议来检验新思想的有效性的原因之一。

再举一个例子：我们偶尔会看到高管们抓住一份支持前一项决定的报告的重要性不放，同时批评另一份包含与他们的决定相悖的信息的报告。在这样做的同时，主管仍然不知道他已经屈服于确认偏误。

结论

上述内容意味着，当你在培养自己和团队对即将来临的成功充满信念时，你必须谨慎行事、立足于现实。我们需要乐观，也要保持现实。这意味着我们可能需要同时考虑对立的观点。

一种方法是效仿科学界的做法，偶尔让外部人员审查你的工作。在你的团队之外找一个或多个可以针对你的计划和进展发表公平、冷静意见的人。他们要么会证实你的观点，要么会帮助你意识到由于确认偏误而在你的认知雷达范围内消失的盲点。

是的，积极思维行得通，而且非常重要。许多领导者把他们所有的精力集中在建立一个积极的成功愿景上。然而，不要以为这本书会引导你依赖积极思维的力量。这未免太过简单。这本书也不会鼓励你把团队的信念提升到一个人为的高度。不，我们的旅程是一条更实际的道路。在这方面，只要注意一个关键的事实：取得结果的关键在于认知。

我们所有的知识都源于我们的感知。

——莱昂纳多·达·芬奇（1452—1519），意大利画家、雕塑家、建筑师、音乐家、数学家、工程师、发明家、解剖学家、地质学家、制图师、植物学家和作家。

第2章　目标与项目

1903年，一位42岁的工程师正在为美国机械工程师协会撰写一篇具有开创性意义的论文。这位工程师的名字叫亨利·甘特，他的论文题目为《日常生产平衡图形化》。论文介绍了甘特图的计划工具。

甘特的想法很快就在当时最大的建设项目——内华达州的胡佛大坝上得到了验证。他们使用甘特的技术来计划和控制材料的供应，协调复杂的任务序列，调度超过两万人的劳动力。胡佛大坝于1936年启用，能够阻挡180米（590英尺）高的水墙，是领导者通过系统化组织所能取得成就之大的有力证明。

甘特图是目前应用最广泛的一种图形化方法，用来对一系列任务进行排序、组织和控制。这些任务都依赖于一个或多个早期任务的完成。因此，亨利·甘特成为现代计划和控制技术之父，这些技术以“项目管理”的名义结合在一起。

当今世界的每一家大型企业都会用到项目管理技术来组织工作，

并按时、按质、按预算完成工作。人们在各种各样的项目中使用这些技术，这些项目可能会让你出乎意料，例如推销新品牌香水、铺设电缆、尽可能快速经济地为客机提供服务、新音乐剧制作、研究项目以及更多不同的活动。

1973年，一家法国工程公司决定重新粉刷两间一模一样的办公室。他们的雇员中有8名应届实习生。他们年轻又有活力，刚从大学毕业，没有粉刷和装饰的经验，也没有接受过任何关于管理项目的培训，或有任何管理项目的经验。

这家法国公司将实习生分成甲、乙两组，每组四人。他们给两组实习生相同的办公室，让他们重新粉刷。两组都得到了一些现金来购买材料。公司告诉他们，天花板和墙壁必须冲洗干净，然后必须涂上两层乳胶漆，天花板涂白色，墙壁涂淡奶油色。木制品必须用砂纸轻轻擦拭，用松节油清洁，刷一层底漆，最后再刷一层有光涂料。

公司还告知两组，在开始工作之前，要将桌子、椅子、文件柜和其他家具移走，在工作结束后再将它们放回原处。公司没有要求两组能够打造出专业标准的油漆面效果，但绝不能刷错位置，一点儿都不行。

最后，公司告知两组，他们的目标是尽快按照要求的标准，以最低的必要成本重新粉刷办公室。

两组立即表示，他们觉得这个任务很简单。正如一名小组成员所说：“粉刷房间有多难？”两个团队都完全相信他们能够实现目标，只要付出一点努力，他们就能迅速完成任务并达到要求的标准。

甲组离开简报室开始行动。而乙组走得晚了一些，公司给了他们一些额外指示。首先，他们必须花两个小时计划工作。他们必须做出一份简单的书面计划，任何形式都行。一名小组成员必须负责对照计划监测进展情况。

甲组已经着手行动了。他们正在搬家具、打扫办公室。

乙组认为，对这样一个简单的任务来说，做计划的时间太长了，但他们还是开始商讨计划。他们对如何开展这项工作毫无经验，但后来一名小组成员建议他们准备一堆小纸条，在每一张上面写一个任务。例如：计算要粉刷的面积、购买足量的油漆、移走桌椅、清洗墙壁和天花板、打磨木制品等等。

计划的过程使他们开始更详细地思考任务的优先顺序。例如，在粉刷墙壁之前先粉刷天花板会更好，这样可以避免白色油漆滴到已经粉刷过的奶油色墙壁上。他们把桌上这些纸条打乱，按照从左到右的执行顺序排列。留给计划的两个小时很快就过去了，最后他们把“计划”留在了桌面上，开始工作。

当天晚些时候，负责购买油漆的乙组人员阅读了油漆罐的背面，发现用于油漆木制品的油基底漆需要16个小时才能干，而他们只需4小时就可以在墙壁和天花板的乳胶漆上刷油漆。他向负责监督计划的人报告了这一消息。于是，要重新排列桌面上的一些纸条，修改任务顺序，使本组更有可能在第一天结束时在木制品上涂上第一层油漆。

到现在为止，你可能已经意识到，乙组凭借他们简单的计划和控制率先完成任务。他们提前了4个小时，在第二天结束时完成了办公室的粉刷。甲组必须等一整夜，等底漆干了，才能在第三天一大早在木制品上涂最后一层面漆。此外，乙组更细致的方法意味着他们更准确地计算了所需的油漆量，也意味着他们购买的油漆更少，成本也就更低。

两个小组达成一致意见，下次他们再有装修房间的任务时，一定可以更快地完成工作，达到更高的标准。这就是经验的价值。

> **闻之不若见之，见之不若知之，知之不若行之。**
>
> ——荀子（约前313—前238），战国末期著名思想家、文学家、政治家。

重新装修办公室的案例已成为一项常见的培训活动，目的是让人们了解计划的好处。从这一活动中，我们可以看到，恰当的系统性计划和控制可以节省时间，帮助你在第一时间做出正确选择，还可以节省资金。

“但我不参与项目。我的工作不一样。”

这是一个普遍持有的观点，经常会拖团队的后腿，因为当我们将未来的工作视为一个或一系列项目时，生活总是变得更容易。

前面你读了关于建设胡佛大坝的项目和重新粉刷办公室的小项目。在这两种情况下，适当水平的计划和控制会产生显著的影响。

在这两种情况中，都有一个明确的目标，一旦完成就意味着工作结束。这符合项目的一般定义：

> **项目：**个人或合作企业为实现一个目标，往往受到时间、质量和成本目标的约束，这通常被称为“三重约束”。

我们应该把这个定义分开来看。仔细想想，我们在工作中所做的一切都是“协作企业为实现特定目标”。例如，如果你领导一个社工团队，你的目标将是提高你所帮扶的人的生活质量。这是一个具体的目标，可以有明确的目标结果。

项目定义的下一部分指出，工作“往往受到时间、质量和成本目标的约束”。没错，工作中通常就是这样。你不太可能听到“慢慢来，不用着急”或“工作质量无关紧要”的说辞。我们在工作中所做的每件事都会受到时间、资源或质量方面的某些限制。

有些工作涉及重复的过程，这些工作过程乍一看并不是一次性完成的项目工作。假设你有一家小面包店，你的团队每天烤几百个面包。这个重复的过程旨在生产成千上万个相同的面包，面包的外观和味道都一样。这不是一次性的项目，而是团队每天重复的过程。然而，设计、计划和创建实现面包日常生产的工艺流程是一个项目。

想象一下，你的员工离开了你经营有方的小面包店。现在你必须招聘并培训一个合适的新员工，这将是另一个短期项目。然后你突然面临一个新的挑战，比如面包质量下降，或者销量开始下降，又或者原材料价格上涨，或是附近有一家新的面包店开张与你竞争。

在每种情况下，你必须决定如何做出回应，这样的决定就涉及改变。你需要想方法回到一种令人满意的状态，需要弄清楚如何实现这个目标，这就是一个计划。然后你必须组织员工发挥他们的作用，鼓励并重新激励他们迎接新的挑战。因此，你需要去协调目标、计划、成本考量、人员和资源，这就是一个项目。

每当你需要完成一项新的工作，或者完成大量[1]工作来实现一个目标时，如果你把它看作一个项目，你会发现它将变得容易得多。就像那些装修办公室的实习生一样，适量计划和系统的组织可以加快工作速度，让第一次就做好工作变得更容易，而且通常可以节省资金。请注意，我们已经谈到了适当的计划水平，稍后我将再做讨论。

本章的重点是，当把目标视为一个项目时，它会更容易实现。

[1] 可管理的、重要的、清晰的、明确的工作部分。

首先，要有明确清晰的实践理想、目标和目的。其次，要有达到意图的必要手段：智慧、金钱、物质和方法。

——亚里士多德（前384—前322），古希腊哲学家、科学家，亚历山大大帝的老师。

第3章　领导应担起激励员工之责

有抱负的领导者往往意识不到是什么激励他们的员工甘愿为他们热情工作，这是一件怪事。

请思考一下你自己的动机。你为什么工作？

是你谋生的需要，还是有比这更复杂的原因？

我们可以列出更多的激励因素，但先思考一下下面这些因素：

你有成功欲吗？

你渴望得到尊重吗？

你是受到改变你周围世界的利他主义欲望的驱使吗？

权力和影响力对你重要吗？

还有关于钱的问题。你渴望得到更多的个人财富吗？

谋生是第一要务。事实上，世界上有许多人劳动时间长、劳动强度大，但却只能勉强养活自己。甚至在有些地方，大人和孩子一起长时间辛苦劳作，从事危险的体力劳动。当一个人受伤失去行动能力时，另一个绝望的人会前来代替他的位置。工作的动力来自生存的需要。[1]劳动者可能讨厌他们的工作，但首先他们必须获得基本的食物和住所。

另一方面，一些技能型人才供不应求，这意味着雇主之间必须进行竞争来吸引员工。这些雇主必须提供较高工资和舒适的工作条件，以及额外福利，如医疗保险、更长的假期等。拥有高需求专业知识的劳动者是非常幸运的。如果他们的老板不讲道理或者根本就不称职，他们可以选择跳槽。[2]

一旦一个人的收入达到基本生活水平，其动机就会发生改变，开始变得更加复杂。当薪资高于舒适水平、工作环境令人愉快时，我们就会寻找额外的满足感，如出色地完成工作、达成团队目标或取得个人成功。

你有没有考虑过接受较少的收入和较低的财务保障以获得非财务回报？例如，加入一个令人兴奋的初创公司，你的个人贡献可以在

[1] 在本文中，指的是在印度砖窑工作的家庭的状况。如果你怀疑当今世界是否还存在这种劳役，你可以上网搜索，一定会找到其他的例子。

[2] 在撰写本文时，发达国家对合格熟练的人才的需求和供应之间最大的差距是在信息技术方面。自20世纪80年代初以来，IT技能就一直短缺，专家预测，在可预见的未来，这种短缺还会持续。

未来的成功中发挥关键作用。或者在一个慈善机构工作，薪水很低，但你在那里可以体会到助人的乐趣。

一旦我们的收入超过了某个程度，就可以寻求比积累钱财或奢侈假期等更高的动机。不要忘记激励的另一个重要方面，它绝对适用于你的团队。要想体验工作的满足感，人们必须有能力成功。

这是激发欲望的制高点。要让人们体验到这种成就感，他们必须有可能成功。由于组织不善、支持不足、方向不明确和其他领导力缺陷而遭掣肘的员工没有充分体验满足感的机会。

因此，有效的管理和领导是激励员工的重要组成部分。好的领导力本身就是一个强有力的激励因素。当薪酬等其他因素达不到预期时，人们会更愿意为优秀的领导者工作。

重点：领导者必须承担起激励团队成员的责任，尤其是使人们能够从工作中获得满足感。稍后，我们将进一步讨论如何实现这一点。接下来，我们必须思考管理和领导的不同职能。

真正的动力来自成就、个人成长、工作满意和获得认可。

——弗雷德里克·赫茨伯格（1923—2000），美国心理学家，因激励—保健理论而闻名。

第4章　领导与管理

就本书而言，如果你领导一个由两人或两人以上组成的团队，他们必须齐心协力完成任务，那么你就是一个领导者。

你的正式头衔可能是执行官、主管、组长、监督员、控制员、负责人、主任、官员、校长、经理等。但是，领导者和管理者的具体含义和职责有很大不同，我们需要多加思考。

思考以下描述：

> **领导：**引导某个人或一群人，为他们指路，向结果引导，护航，引航，前进，指挥航向，带领。
>
> **管理：**运营，指导，管理，组织，监督，应对，处理，控制。

如果你的团队要完成工作并实现它应该实现的目标，那么这个团队就需要领导和管理。从上面的定义中我们可以看出，领导是要确定大方向，提供必不可少的指导、灵感和动力。你的领导能力会鼓励人们拿出自己的最佳表现。

但仅有欲望是不够的，光靠热情也不会有多大成就。你还需要组织和控制活动的顺序来进行管理。如果没有管理或领导，失败几乎是不可避免的。因此，除非团队的领导者发挥领导的软技能和更系统的管理技能，否则团队无法实现他们的目标。

· 只是激励别人，但没有组织好他们，这通常会造成混乱，因为人们不知道他们应该做什么。

· 在没有激励的情况下组织、控制员工，只会使得绩效平平，因为尽管人们知道自己应该做什么，但他们没有动力，无法拿出最佳表现。

你的团队需要知道他们如何才能完成工作。他们必须了解今天要完成哪些任务，明天才能取得成功。你必须将每个人的工作与其他团队成员以及团队之外的人（更广泛的组织、客户、供应商和其他组织）的努力相协调。

必须有人做协调和管理工作。如果你是一个大型组织的首席执行官，可能会选择把自己的日常行动集中在制定战略上，而不是提供指导和灵感。你可以将组织、监督和控制细节的工作委托给其他经理。

但是，如果你是一家小公司的老板，或者是一家大公司的初级或中级经理，或者你领导的团队到了取得成果的关键时刻，你可能无法将管理工作委派给其他人。在这种情况下，你必须同时扮演管理者和领导者的角色。你的工作内容包括引导、激励、指导、行政、组织、监督、跟踪进展、支持和适当的控制。

领导者的责任是管理，或者让其他人管理。如果你拥有领导权，把管理工作委派给别人，那挺好。但如果没有人可以担任管理工作，你就别无选择，只能介入并同时扮演这两个角色。对你来说，这句格言很适用："事已至此，那就看我的了。"

管理就是安排和讲述。领导就是培养和提高。

——托马斯·J.彼得斯，生于1942年，《寻求优势》（1982）的合著者。

第5章　你的团队或达到或辜负你的期望

我们在工作中观察我们的团队成员，凭直觉形成对他们的看法。我们情不自禁就会那样做，这是我们每个人与生俱来的本能[1]。

现在思考三个问题：

· 你的成员意愿如何?

· 他们是在努力工作还是消沉或懒惰?

· 如果有必要，你的同事们会为完成工作而加倍努力吗?

请现在就思考，以上三个问题有答案后再继续往下读。

毫无疑问，你对这些问题的回答是基于你对团队的总体了解和

[1] 关于这一主题的详细学术论述，请参阅俄勒冈州立大学教授弗兰克·伯涅里的著作，他创造了“薄片”一词，用来描述我们是如何从细小的观察片段中本能地形成看法的。

你对特定性格的看法。你对你的成员评价一般是好还是坏？我们希望它是好的，因为你的意见会产生影响。

首先，即使你把自己的想法藏在心里，尽量不透露出来，也一定会有泄露你真实想法的蛛丝马迹[1]。人们对任何透露出与我们真实的想法有悖的措辞都很敏感。人们经常注意到我们的身体语言和我们的话语有着不同含义。相比你对待别人的方式，人们也会注意到你是如何对待他们的。如果你认为你的成员不能胜任这份工作，那么你最好做好失望的准备，因为当期望值较低时，人们往往表现不佳。几项著名研究已经观察到这种效应，称为“高莱姆效应”[2]。

同样，积极的期望会改善结果。我们很难在职场做这一研究，因为人们无法将它与其他影响分开。然而，在1963年，罗伯特·罗森塔尔和莱诺·雅各布森对在校儿童进行了研究，阐明了这种效应。研究表明，如果你引导教师期望孩子们有更好的表现，那么这些孩子就

[1] 在众多的研究论文中，《身体语言，而不是面部表情，区分强烈的积极情绪和消极情绪》（阿韦泽尔、特罗普和托多罗夫，2012）这篇论文讨论了更微妙的身体语言。

[2] 这种效应是以犹太神话中的泥人高莱姆命名的。早在1968年，威尔伯恩·施兰克少校对美国空军学院的学生进行了一项实验，展示了“高莱姆效应”。

会表现得更好。[1]

就像你观察员工并对他们的能力形成看法一样，他们也会观察你，然后对你领导他们的能力形成看法。如果你的团队对你评价不高，那很可能会降低你的个人表现。期望较低很容易成真，消极思想会影响所有相关的人。那么，你将怎么未雨绸缪呢？

真诚地为你的成员着想是成功的重要基础。抓住任何可能的时机，在心中培养对同事能力的积极看法。例如，在适当的时候你可以这样说："我知道你能做到。"寻找机会发现那些做得好的人，并借机赞扬他们的努力。比例最好为三次表扬对应一次批评[2]，因为人们往往更容易记住我们的负面评论，而不是正面评论。

当你的团队成员能够应付自如时，每个人都是赢家。当一个人受到你的鼓励，但没有达到目标时，你就会先思考决定做什么，然后采取适当的行动。

---

[1] 被命名为皮格马利翁效应（关于希腊神话中的塞浦路斯国王皮格马利翁）或罗森塔尔效应（罗森塔尔-雅各布森研究，1963）。

[2] 临界阳性率（洛萨达比值）可能不是基于合理的研究。然而，作者的经验支持这样一个观点，即这是管理 / 领导人员时的一个合理的最低限度。

要善于倾听下面干部的意见。先做学生，然后再做先生；先向下面干部请教，然后再下命令。

——毛泽东（1893—1976），中华人民共和国第一任主席。

第6章　信念与系统化组织

我们已经知道：

信念对我们的成功至关重要。

计划和组织使我们更容易实现目标。

这两个事实同样重要。然而，有时它们看起来代表的是相反的观点。因此，我们现在要思考一个所有领导者都必须面对并克服的核心挑战，即有些事情是根本做不到的，除非发生奇迹。再多的积极思维也无法神奇地将不可企及的目标变得可以企及。

那么，我们怎样才能知道我们的信念是否在现实面前飘忽不定呢？我们如何在不培养积极态度的前提下，避免我们完成更困难挑战的能力下降呢？什么时候信念是成功的积极力量？什么时候它会诱使我们愚蠢地花费大量精力、时间、金钱和其他资源去追求一件愚蠢的事？

许多领导者对这种二分法感到困惑。有些人依靠信念可以最终征服一切的观点继续前进。在某些情况下或许可以做到，但关键词“最终”可能意味着完成时间会远超计划时间，而且成本远超可接受范围。

在思考这些问题时，领导者通常分为两大阵营，这反映了他们个人偏好的领导风格。约有一半的人把所有精力都放在宣传“我们能做到”这一理念上，这是一种情绪化的领导方式。与此同时，另一半人专注于分析未来的工作：“让我们来决定自己是否能做到，以及如何做到。”这是一种系统性的领导方法。

我们已经知道这两种方法都是有效且必要的。现在，你很可能倾向于自己对系统和组织天生的偏好，或者倾向于一种不那么正式但

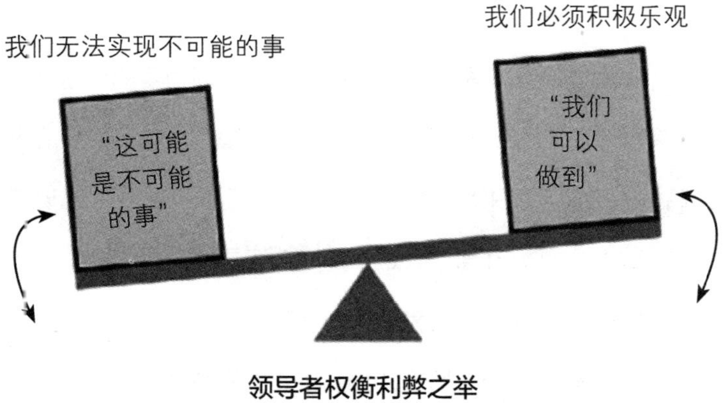

领导者权衡利弊之举

自信和积极的方法。

如果你能兼而有之呢?

有一个震撼世界的例子，证明了把两种思想流派——情感学派和系统学派结合起来的好处。

1962年9月12日，美国总统约翰·F.肯尼迪在德克萨斯州赖斯大学发表演讲。媒体一如既往地将他的演讲录制下来，在全球范围内传播——网上很容易找到。当肯尼迪总统承诺他的国家将在8年内把人类送上月球并把他们活着带回来时，他震惊了全世界——这就是阿波罗计划。在1962年，这可是科幻小说里的情节。

顶尖太空科学家认为，人类最终有可能登上月球，但这一设想要过很多年才能实现。肯尼迪在演讲中承认，还有许多巨大的问题需要克服：

> 让我们向那个距离休斯敦控制中心24万英里的月球发射火箭，一枚超过300 英尺高、与这个橄榄球场长度相当的火箭——这枚火箭采用新型合金材料，其耐热与抗压性比现在使用的材料强好几倍，只是个别部分还是个“未知数”；其装配的精密程度可以与最精确的手表相媲美；它运载着用于推进、导航、控制、通讯、食品和维生的各种设备，肩负着

一个前所未有的使命，登上那个未知的天体，然后安全返回地球，以超过 2.5 万英里的时速重返大气层，由此产生的高温大约是太阳温度的一半，就像今天这里这样热——我们要实现全部这些目标，要顺利实现这个目标，要在这个十年内领先完成——那么我们必须敢做敢为。

肯尼迪的演讲毫无疑问地表明，所有相关的人都一往无前地致力于项目的成功，这确实让大家都集中了注意力。然后，在接下来的几个月里，总统会见了许多科学家、工程师和项目负责人。他突然产生了一种信念，认为这是能够而且将会实现的，并非异想天开。肯尼迪此前曾仔细研究过太空旅行，并对该项目的可行性感到满意。他所做的只是加快发现和进步的步伐。

需要注意的是，肯尼迪对确定的目标做出了坚定的承诺，然后充分地展示了他对成功的全部信念。项目的领导者将这种信念传递到整个指挥系统，感染并激励着每一个参与项目的人。

如果没有这个承诺，阿波罗计划会成功吗？可能不会，因为缺乏奉献精神会消耗精力和创造力。德国哲学家歌德是这样说的：

真理只有一个要素，如果对此一无所知，便会扼杀无数想法和宏伟规划。从一个人明确做出承诺的那一刻起，上帝也会出手相助。各种各样的事情会发生，助益一件本来永远不会发生的事情。从这个决定中产生的一连串事件，带来各种各样对人有利的意想不到的事件、相遇和物质援助，这是任谁做梦也想不到的。

历史上最伟大的成就都始于明确的承诺。埃及的金字塔、中国的长城和许多其他冒险活动的建造都是以一种绝对坚定的态度开始的，那就是："我们要做到！"然而，仅凭一种热情高涨的态度并不能建造金字塔和长城。不可否认，这种承诺提高了人们的精力和创造力，但考古学家发现的证据表明，这些古代的项目涉及复杂的系统组织和管理，协调了无数细节。

如你所知，人类确实登上了月球。从1969年到1972年，有12个人在月球上漫步。现在我们快进20年，到美国国家航空航天局召集6位专家来评估阿波罗计划的遗产的时候[1]，他们的报告结论是：

[1]《管理月球计划：从阿波罗计划中汲取的经验教训》，1989年7月21日举行的口述历史研讨会记录，由美国国家航空航天局出版。

可能阿波罗计划最持久的遗产是人类：对如何计划、协调和监控构成阿波罗计划基础的无数技术活动有了更好的理解……美国国家航空航天局人员采用了一种项目管理理念，将权力集中在设计、工程、采购、测试、建造、制造、备件、后勤、培训和运营方面。

以下是美国科学促进会的评论：

就复杂性、增长速度和技术成熟度而言，阿波罗计划是独一无二的……结果可能是，航天计划最有价值的副产品将是人类，而不是技术：人类更好地了解如何计划、协调和监测丰富多彩的活动……

阿波罗任务将六个要素结合在一起，创造了一场完美的生产力风暴，增加了实现任何目标的可能性，包括你的目标，无论大小。

· 明确的目标；
· 对成功的承诺；
· 激励性领导；

· 对成功的共同信念；

· 计划；

· 人力资源的组织与协调。

这六个要素将信念的力量与系统计划和组织的技能结合起来。

运用这六个要素，你就能大大提高成功的可能性。只要忽视其中一个，就会对团队造成阻碍。你同意这一说法吗？希望你会同意。但对一些人来说，他们内心倾向于成为一个情感激励者或是一个善于计算的系统主义者，这种偏好如此强烈，以至于把他们引入歧途。要使用一切方法提防存在于我们每个人内心的那种天生的倾向。

在这一点上，可能有些读者会认为“我觉得自己不会激励别人”或者“我不是一个天生就擅长细节和系统的人”。如果你有以上任何一种想法，请暂时忘记它，因为在本书第二部分，你将会读到有的人如何通过把信念和承诺与系统的组织结合起来，领导他们的团队。

成功需要的努力比失败要少。换句话说：失败意味着你勤勤恳恳却一无所获！如果少做点工作，有系统地指导，你就会成功。

——W.克莱门特·斯通（1902—2002），美国商人和慈善家。他白手起家，后成富商巨贾，据《纽约时报》报道，“他建立了一个以乐观主义为基础的帝国”。

目前阶段要点

· 领导者都是天生的，这是一个谎言。通过努力实践，任何具有基本智力水平或在其之上的人都可以成为高效的领导者。

· 领导者需要积极主动的行动。领导者具有的品质是：学习、思考、决定、行动。

· 通过努力实践，几乎人人都可以成为出色的领导者，其从平平无奇到出类拔萃的转变速度令人瞠目。

· 取得结果的关键在于认知。人们很少能完成他们认定自己无法完成的事情。

· 当把目标视为一个项目时，它会更容易实现。

· 领导者应担起激励员工之责。领导者使团队成员越来越愿意为他们的领导者取得成就。

· 只有领导是不够的，管理也必不可少。领导提供为成功而奋斗的基本动力，而管理则提供使之成为可能的基本组织。

· 你的团队或达到或辜负你的期望。对成员抱有积极的期望是

斗的基本动力，而管理则提供使之成为可能的基本组织。

· 你的团队或达到或辜负你的期望。对成员抱有积极的期望是值得的。

· 信念、承诺和系统的组织相结合，使人们真正相信“我们可以做到……”。这种结合为人们提供了成功的手段。

五种领导模式

在一个完美的世界里，我们会通过上述一系列方式来领导团队。首先，在愿景模式下，我们确定一个目标。我们将计划如何实现目标，然后将工作委派给他人。下一步，我们将确保一切顺利进行，从而为成员赋能，使其成功。在这些步骤之后，一切都会进展顺利，这样我们就可以授权成员来做，而不需要亲自做任何工作。我们可以将注意力转移到其他地方，相信我们的团队将独立有效地工作，实现我们的目标。

第7章　五种领导模式简介

在介绍五种领导模式之前，我们先假设一群人要去实现一个目标，在这个过程中每件事都顺利进行，团队表现出色，也没有不可预见的挑战需要解决。在这种情况下，我们将按照如下所示的一系列领导模式[1]行事。

·愿景模式

决定你对未来的愿景。设定一个你可以在脑海中清楚地看到的目标。你的目标明确，这就意味着成功是可以衡量的。你知道决定成功的标准，所以你就会很确定什么时候达到目标。实现目标可能需要努力工作、技巧和应对一些不确定性，但你相信这个目标是可行

[1] 模式：一种可能的、习惯的或偏爱的做某事的方式。一种行为方式，尤指成为本能的、熟悉的或习惯性的。（摘自《牛津英语词典》）

的[1]。一些领导者可以决定自己的目标，而其他人则需要接受为他们设定的目标。

· 计划模式

计划怎样完成这项工作。你们，或者是你自己和团队中合适的人，要对完成过程中必须实现的几个关键的、最重要的里程碑[2]进行定义。你决定要完成哪些任务才能实现每个里程碑，把所有的任务和里程碑安排成一个合理的顺序，因为你知道什么是必须做的，也知道应该由谁来做这项工作。现在你有了一个计划，它能让你对即将到来的成功更加有信心。

· 委派模式

委派任务，一切就会自然而然地进行。人们看到愿景开始变成现实，团队开始取得进展，这有助于增强他们的信念：目标是可能实现的。

---

[1] 可行的：做起来或实现起来可能且实际的。（摘自《牛津英语词典》）

[2] 里程碑：一个重要的阶段或事件，标志着一个项目的进展点。例如，里程碑可以包括项目开始和结束、外部审查点、一类工作的完成以及实现最终目标必须达到的其他主要进度点。

·赋能模式

通过确保每个人不会因为缺乏技能、知识、材料、方法、外部支持等而受到任何阻碍，从而为个人和群体赋能，使其获得成功。你协调人员之间的工作，这时团队成员真正亲身体验到你的有效领导。他们会感到自己全身心投入到实现目标的过程中。

·授权模式

一切都按计划进行。这项工作按时完成，达到了要求的标准。有些人，可能甚至所有人，都有能力在没有你的投入或控制的情况下完成他们的任务，实现个人目标。你现在可以授权[1]这些人完全控制自己以及自己的工作。在这种工作模式下，人们往往能提供最高水平的个人生产力。当他们为工作贡献、发挥或拓展自己的潜力时，会自我感觉良好，甚至可能获得最高层次的动机和满足，心理学家亚伯拉罕·马斯洛称之为“自我实现”[2]。

[1] 授权：给予某人做某事的权力或权威；使某人更加强大，更有信心，尤指掌控自己的生活方面。（摘自《牛津英语词典》）

[2] 亚伯拉罕·马斯洛（1908—1970），美国心理学家，他创立了“马斯洛需求层次理论”，一种以自我实现为最高层次的人类需求和实现理论，可以定义为：一个人的才干和潜能的实现或成就，一种存在于每个人身上的动力或需要。

领寻力通常不是那么井然有序

上面的描述按照愿景、计划、委派、赋能和授权的顺序解释了五种领寻模式。

在少数情况下，大量的工作会以井然有序的方式进行。然而，我们通常发现工作中的生活并没有完全按计划进行。我们可能不得不带领团队度过凌乱甚至混乱的时期。这意味着，当我们应对变化莫测的环境时，领导者需要变得善于来回切换模式。例如，你多久会经历一次以下的挫折？

· 有技能和经验的团队成员通常不会按照我们的期望行事；

· 外部势力合谋破坏进展；

· 供应商让我们失望；

· 上司在我们开始工作后会改变工作目标；

· 客户更改他们的需求。

人与人之间的交流有时会出错。领导者可能不知不觉成了导致这一切的原因。例如，领导解释自己想要做什么，并认为员工已经完全理解了指令，而实际上他们并没有理解。

领导认为员工会按要求去做。但令领导大吃一惊的是，员工做了他们自己认为正确的事情，但这与领导所希望的完全不同。

人与人之间沟通不畅可能是工作进展不尽如人意的最常见根源。而这一前提是计划是完美的，但事实并非如此。而且，观念和态度要么促进进展，要么阻碍进展。

当我们怀疑团队是否能够完成某项工作时，尽管我们努力表现出积极的一面，还是会不自觉地表现出我们的疑虑。团队成员可能会用不太尽责的表现作为回应。事实上，他们使得我们的消极期望成真，于是我们的个人疑虑破坏了进展。

不过，当你在每种情况下都采用正确的领导模式时，就等于把这些事情出错的可能性降到了最低。通过使用最适当的方式处理每一种情况，就能最大限度地提高成功的可能性。

这五种领导模式将帮助你在“现实”世界中领导他人

最有能力的领导者无须有意识地思考，往往就能在五种领导模式间切换。我们为每一种情况选择最合适的领导模式时，则需要投入一点额外思考。

决定采用何种领导模式

在下一页，你将看到五种领导模式：愿景、计划、委派、赋能、授权。领导者通常以愿景模式开始每一个新目标。这时新的想法成为定义明确的工作量，把它写下来作为你的目标，再检查目标是否可行。坦白地说，除非你有足够的信心，相信有可能实现这一目标，否则继续前进也毫无意义。

计划、委派和赋能的模式有时可能是连续的，但你通常会发现有必要根据情况在这些模式之间切换，根据具体情形、人员、团队、工作类型和变化的环境来改变你的领导风格。

针对每一种情况选择最有效的领导模式。你该怎么做？在接下来的几章中，一切都会变得清晰起来。

当然，一个人不会突然得心应手地领导别人。你仍然需要自律、自控、慎重思考、意志坚定和埋头苦干。然而，人们很快就会对积极直接的领导做出反应，这反过来又会给你的努力带来丰厚的回报。

五种领导模式

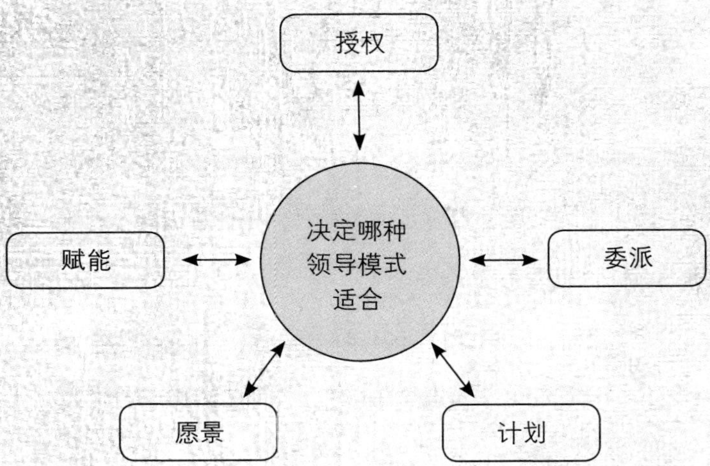

你需要根据具体情形采用适合的领导模式。在带领团队时，你会在这几种模式中来回切换，使方法与情况相适应。你还可能经常选择不同的模式来领导不同的人。

第二部分

开始真正运用五种领导模式

注定的事情发生的模式是努力。

奥利弗·温德尔·霍姆斯（1809—1894），美国内科医生和哈佛大学教授。

客观事实就在那里，但我们总是从我们的信念和价值观的角度来看待它。

——大卫·G.迈尔斯（1942— ），博士，美国霍普学院心理学教授。

第8章　选择当下目标

要想从本书中受益，你必须采取行动。阅读了前面的内容，你应该准备好了。

不要关注你目前正在努力达成的许多目的[1]，而应该关注你的最终目标[2]。你需要一份书面清单，所以如果还没有的话，赶紧把你当前的目标写下来。

回顾你的目标清单，其中应该包含一些定义明确的结果。如果你的清单上只有一个目标，那就意味着你有一个优势，就是把所有的注意力都集中在实现这一个结果上。

如果列表有多个目标，则需要选择一个。这将是你开始运用五种领导模式的第一个目标。也许这应该是你的团队唯一、最重要的目

[1] 目的：实现目标所需的许多可定义的结果或进展措施之一。

[2] 目标：在大量工作后所期望达到的最终结果。

标，一旦实现，将对你未来的成功产生最大的积极影响。

暂停阅读，现在就选择一个目标。

现在你已经选择了，翻到下一章，考虑一下“领导者的认知”。

团队领导者：决定领导模式

	认知	模式
1	· 我不确定我的团队应该实现什么目标。 · 我们有一个目标，但定义不明确。	愿景
2	· 目标和目的看起来是可行的，但我不知道我的团队将如何实现它们。	计划
3	· 我认为我们有一个可行的、现实的计划，但我的团队还没有完全意识到他们的角色。	委派
4	· 有些人可能需要帮助来保持进展或适应变化。 · 这项工作应该在团队成员之间或与团队外的其他人进行协调。	赋能
5	√人们知道应该实现什么，知道如何去做。 √人们拥有必要的技能和资源。 √任何不足或缺陷都不能阻挡我们前进的步伐。 √每个人都能有效地合作。	授权

第9章　考虑你的认知

在第1章中，你了解了认知是取得结果的关键。这一基本事实揭示了一个关键，即决定五种领导模式中的哪一种能够使你和团队在任何特定情况下都能达到最佳表现。其工作原理如下：

1. 思考你的个人认知。
2. 你用这些见解来说明应该采用哪种领导模式。
3. 所选择的领导模式将帮助你决定采取什么行动。

在前一章，你选择了一个当下目标，考虑你的目标和未来的工作。阅读第57页图表中五组不同的认知。

在这些描述中，哪一个最能准确地描述你既按时又达标并在相关目标成本以内完成目标的可能性？从五个选项中选择一个。如果你想选两组认知描述，请选择编号最低的选项。例如，如果你不确定你的团队如何实现目标（认知2），或者目标实际上已经有明确的定义（认知1），则选择编号最低的选项，在这种情况下，该选项将是认知1。当你有了答案，就可以继续往下读。

你是迅速做出了决定，还是经过了深思熟虑的分析？在做选择的时候，我们会有自然而然的倾向性，在我们性格中的某一方面可以解释这种倾向性。有些人容易比其他人更快做决定。你刚刚做出的决定说明了你是哪种类型的决策者。

了解并理解自己的性格，对于一个领导者而言非常有意义，因为你经常需要做自己必须做的事，而不是那些你想做或者顺其自然的事情。这对你来说意味着什么呢？

你会在本书的某些内容中发现，有那么一个或者多个我们所建议的行动，对你而言并非顺其自然。因此，你会本能地想要拒绝这一建议。这种时候，要扪心自问："我的抗拒是因为建议的行动让我走出了自己的舒适区，或者有悖自己一贯的性格作风吗？我应该为此做好准备，克服自己的抗拒并尝试这一建议吗？"

我们先放下刚刚的话题，来针对两种做决定的类型（深思熟虑型与迅速决断型）思考一分钟，因为它们会为我们带来不同的答案。

你是否有过深思熟虑后决定勇往直前，但自己的直觉却说不要这么做的情况？你是否曾经违背自己的直觉去做某件事，或者因此而不做某件事，结果事后才悔不当初，认为自己应该听从来自内心的小小声音？这些你可能都经历过。

研究“直觉”与“深思熟虑型”的心理学家如今认为，瞬间做出决定的根源在于“薄片”思维。越来越多的证据表明，“薄片”思维比长时间思考一个决定更加可靠。[1]不出所料，也有证据表明，当我们考虑专业领域内的问题时，我们的直觉是最可靠的。[2]

不久前，管理学专家认为，尊重我们的直觉是鲁莽的。2003年，《哈佛商业评论》发表了一篇题为《不要相信你的直觉》的文章。然而，就在2012年，同样是这家权威杂志又发表了另一篇文章，提出了完全相反的观点，那就是“直觉可以击败分析性思维”。这反映了最近对薄片思维的研究。这里有一个重要规定：对于我们知之甚少或一无所知的主题，如果只是片面的观点，那就不可能是准确的。但当涉及你的专业领域和经验时，研究表明你的直觉是一个有效的重要指标。

---

[1] “单薄的判断是直观的。这些判断是有效的：它们似乎不会耗尽认知资源，即使与其他任务并行处理也能准确。”出自《思考的危险：直觉和单薄的判断》，作者纳利尼·安巴迪，塔夫茨大学心理学系，马萨诸塞州梅德福，2010。

[2] “直觉相对于分析的有效性在高水平专业领域中得到了放大。”出自《我何时应该相信自己的直觉？将专业领域与直觉决策的有效性联系起来》，戴恩、洛克曼和普拉特著，摘自《组织行为与人类决策过程》119（2）；187—194，2012。

回到你的目标：确认一下，这不是一个理论练习。你在思考你和团队的一个重要目标。你需要从第57页图表中的五个选项中选择一个。如果你在两种描述之间摇摆不定，也许是因为你的直觉对你深思熟虑的观点给出了不同的答案，那么你应该选择编号较小的选项。这会是最谨慎的，因为它将避免你错过任何重要行动。

一旦你选择了与你的情况最匹配的认知，你就可以翻到所示领导模式的相关章节，如下图所示：

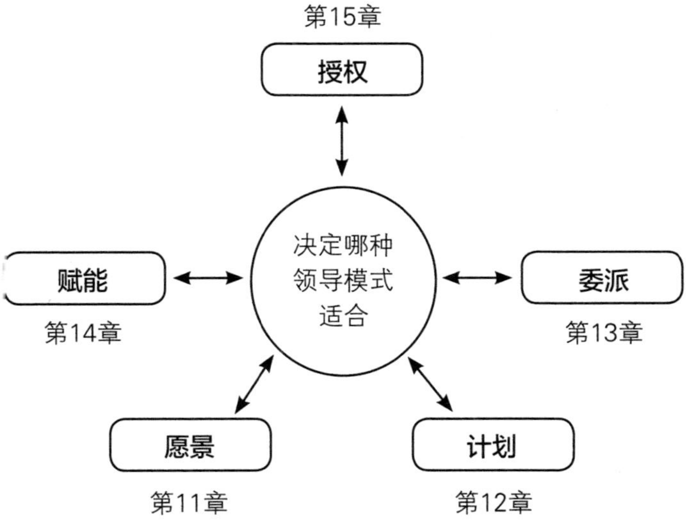

然而，从团队成员的角度考虑事情的发展是值得的。毕竟，你的员工才是做这项工作的人。他们的认知对你是否达到某一目标有着至关重要的影响。要考虑团队成员的认知，请阅读下一章。

态度是一件小事，但却能起到很大的作用。

——温斯顿·丘吉尔（1874—1965），两度担任英国首相，二战期间最著名的人物，1953年诺贝尔文学奖获得者。

团队领导的认知

	认知	模式
1	·我不知道我/我们应该实现什么。	愿景
2	·我不确信这是可能的。	计划
3	·我知道我们有如何实现目标的计划，但我不完全理解我的角色。 ·我不相信我们能按时、达标地完成目标。	委派
4	·如果我在需要的时候得到支持，我可以取得令人满意的进展。 ·我需要我的工作与其他人协调，确保我不受到阻碍。	赋能
5	√我清楚地知道我应该实现什么，知道如何去做。 √我有我需要的技能和资源。 √任何不足、缺陷或其他人都不能阻挡我们前进的步伐。 √我有信心能按时、达标地完成我的目标。	授权

第10章　考虑团队成员的认知

考虑每个团队成员对成功可能性的看法是明智之举，原因如下：

· 如果你的成员不相信即将到来的成功，他们就将遭到严重的阻碍，你需要知道这一点。

· 如果你的成员感到自信，尽管你个人有疑虑，但你需要理解为什么你的成员看待事情的方式不同。

· 有些成员在某些方面可能比你更有见识，他们的意见可能很有价值。他们知识和经验越丰富，你就越需要他们的意见。

· 在你的团队中，有些人的能力可能比你目前认为的要差。这些人可能知道自己的不足，也可能不知道。你也许能克服这个障碍，但前提是你知道。

· 你的团队成员之一可能会认为“这件事无法完成”，而他恰恰是正确的。如果有人有充分的理由知道你的目标是不可能的，你需要知道。你可能需要改变你的方法，修改目标或者找到解决问题的办法。但首先，你需要知道这些。

如果你领导的是一个大型组织，在你和工作人员之间有多个管理层，你需要考虑你的核心高管团队的认知。反过来，他们应该考虑自己的团队，以此类推。你需要的是一个能尽快将一线员工的认知传达给你的组织。

为了收集团队成员的认知，你可以直接询问每个人，但你可能无法得到直接的答案。他们可能会根据他们认为你想听的话来调整回答。或者，他们可能不愿意传达坏消息，于是把话说得很委婉，以至于你无法理解其真正的意思。人们的开放和诚实程度将取决于他们的个人信心和组织文化。

以下哪一种初级员工的说法最能准确地描述你所在组织的文化？

甲：“我喜欢我的工作，它能带来回报。团队专注于结果，完成工作。我们都支持团队的成功。我的意见是有价值的。”

乙：“当人们可以或应该合作时，他们并不总是互相合作。我不确定我的工作对全局有什么贡献。如果我说出来，我可能要承担后果。”

如果你在像甲所在的公司工作，你的员工应该觉得他们可以和你分享他们诚实的意见。他们知道你会接受并欢迎他们所说的一切。

如果你在一家更像乙所在的公司工作，你的员工可能不愿意告诉你他们的真实想法。这是一种适得其反的文化，会让你更难成功。你需要改变团队的文化。领导者的工作是在其团队中创造一种有效的文化。事实上，“如果领导者没有创造出他们想要的文化，他们就会得到一种绝对不想要的文化”[1]。

如果你以身作则，就可以迅速改善团队内部的沟通情况。向人们证明他们可以给出意见并得到你的认可，而不是遭到批评或蔑视。你不必同意别人说的话，但你可以让他们知道你听到了他们说的话，你更愿意他们说出自己的观点，而不是保持沉默。如果你消除了对负

[1] 这里指的是作者所著的《管理的秘密》（海德林出版集团）第26条。

面后果的恐惧，人们就会开始“实话实说”。

随着时间的推移，当你使用“五种领导模式”来领导你的团队时，你将创造出一种非常富有成效的文化，包括团队成员之间更好的沟通。

现在回到你最迫切的需要，了解团队成员的认知。按照下面的方法来做：

· 直接请教最资深的团队成员，接受他们的即时性薄片式意见。对于那些觉得很难立即发表意见的人，多给他们一点时间发表他们深思熟虑的意见。你可以向他们展示团队成员的认知图，或者你可以听他们说，把他们的话与图表五个方框里的内容进行匹配，找到最符合他们答案的一个。

· 直接征求更多初级团队成员的意见。员工会非常喜欢高层领导对他们的工作和观点产生兴趣，这表明你重视他们。你可以根据自己的沟通方式直接或巧妙地做到这一点。你这样做的时候，要注意保持任何中层管理者的支持。

把你从本组得到的意见分成两类：

1. 具有相关专业知识的团队成员。他们的意见是最有价值的。

2. 人们认为那些缺乏专业知识或经验的人不太有资格表达自己的观点。有时，他们缺乏经验反而可能带来公正宝贵的见解。

不断意识到工作中所有对话的真正含义。你可能已经很擅长解读别人的话了，不过如果你学到更多，这个领域总能让你获益。仔细倾听，注意谈话的微妙之处。在这种情况下，人们不用询问就能暴露自己的真实想法。下面是一个你将会经历的简单例子：

当有新工作时，有些人会说："我试试。"这句话应该为我们敲响警钟，因为它往往是失望的前兆。为了避免告诉你"我做不到"这个残酷的事实，人们可能会逐渐让你泄气。首先，你会听到"我会试一试"，然后是"我试过了"，最后是"我跟你说过我可能做不到"。

在工作中，许多人会选择修改自己的措辞，以避免冲突或显得和善。他们使用听众能用多种方式理解的词语，表达模棱两可的意思。在某种程度上，我们都会这样做。这是正常社交生活的一部分。

这种沟通方式在社会中根深蒂固，让领导者的生活变得更加复杂。你需要清楚的事实作为决定的依据。这意味着你必须善于提炼人们所说的话背后的真正含义[1]。

人们也用非语言符号或身体语言来表达自己的真实感受，这样的表达方式证实或背叛了他们的话。我们的身体揭示了我们的真实想法，同时我们的嘴却发出完全不同的声音。例如，“我真的很喜欢这个主意”听起来很支持，但是如果说话者抱着胳膊，耸肩站着，他们的身体语言就和他们说的话不一致。身体语言不在本书的讨论范围之内，但是如果你最近没有这样做，强烈建议你更新自己的身体语言知识[2]。

现在，考虑一下你当前的目标和与该目标相关的团队成员的认知。第63页图表的五种认知中，哪一种最符合你团队的观点？如果在两组认知之间犹豫，请选择编号较小的选项。

---

[1] 对于这种影响的学术研究，请阅读本杰明・李的《会说话的脑袋：语言、元语言和主观性符号学》（杜克大学出版社，1997）。轻松的阅读材料：艾伦・皮斯和艾伦・加纳的《说话的语言》（猎户星出版社，2002）。

[2] 身体语言：表达态度感受的有意识和无意识的动作姿势（摘自《牛津英语词典》）。建议进一步阅读：艾伦・皮斯和芭芭拉・皮斯合著的《身体语言的权威之书：如何通过他人的手势解读他们的态度》（猎户星出版社，2006）。

在选择了所指出的模式之后，下一页的图表指出了接下来要读的章节，届时我们将考虑这种领导模式。

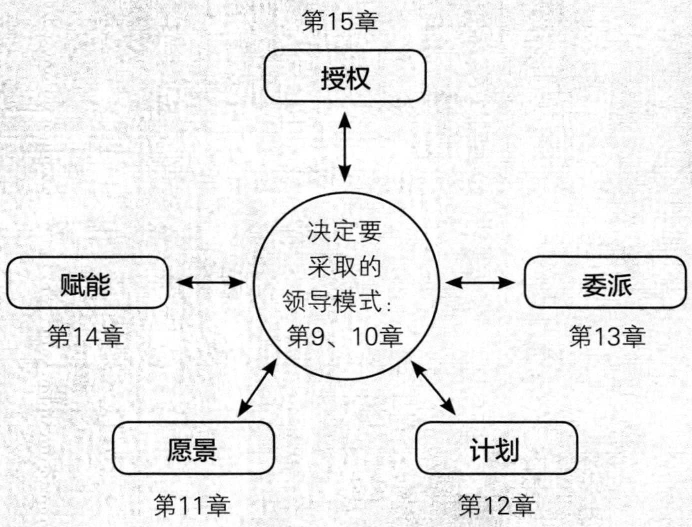
第15章
授权
决定要
采取的
领导模式:
第9、10章
赋能
第14章
委派
第13章
愿景
第11章
计划
第12章

多听少说。没有人能通过听自己说话学到什么。

——理查德·布兰森爵士（1950— ），英国商业巨子和慈善家，维珍集团的创始人，控制着400多家公司。

第三部分

应用五种领导模式

选项一

你可以按顺序从头到尾通读以下章节。

选项二

在第8章中选择的当下目标中，立即采用适当的领导模式，你将最大限度地获得成功。如果你还没有这样做，请阅读第9章和第10章，选择领导模式，然后阅读相关章节，如第71页的图表所示。

第11章　领导模式之愿景

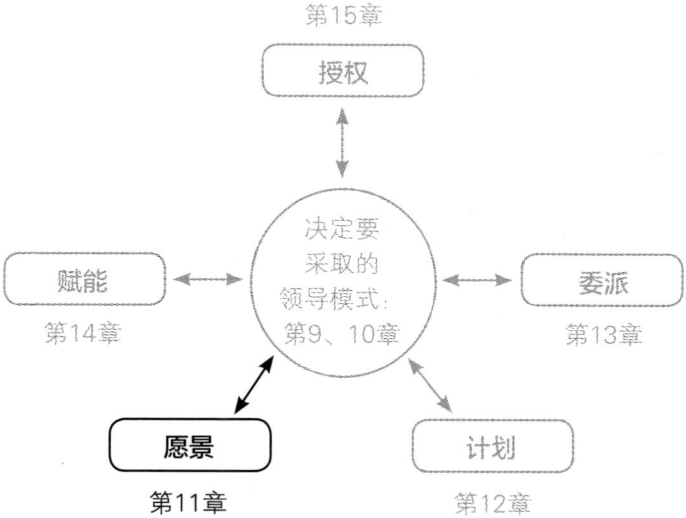

愿景模式目的

· 要有一个定义明确的目标，因为只有当你确切知道目标是什么时，你才能实现它。

· 你相信在一个可接受的确定程度内，你和你的团队在规定的时间范围内，按照商定的标准，利用你现有的资源（劳动力、技能、材料、可用时间、外部支持等）达成目标是可行的。

· 你已经建立了一个目标愿景，这将帮助你鼓舞激励他人。

当你不确定你和团队应该实现什么，或者当你对新的目标是否可行没有信心时，就采取愿景模式。这一模式适用于没有设定目标，或者目标没有被正确定义，或者你怀疑其可行性的情况。

你应当敲定：

· 你到底想达到什么目的，你需要一个明确的定义，对于你是否达到了目标不要留下任何误解的空间。

· 这个目标必须在什么时候实现?

· 必须达到什么标准?

· 你的工作是否受到任何限制？如对现有人员、资金、材料、支持、服务、设备、技能等方面的限制。

· 这个目标可行吗？偶尔，你会有一个充分的理由去尝试完成一些你已经知道也许不可能实现的事情。然而，这不应当成为试图实现不可能目标的不合理信念的借口。在你开始投入时间、金钱、精力和名誉之前，你通常会想知道一个目标至少是可能实现的。

你需要确定什么是必需的，这样当你的团队达到目标时，每个人都能在完成时达成一致，共庆成功。你肯定不想实现目标后却发现其他人期望你实现不同的目标，这种情况比人们预期的要多。

谨防目标不明或发生改变，因为这样通常会带来失望。试图实现这些目标就像你的老板告诉你去一个地方，但没有给你正确的目的地名称或在地图上指出来。你可能认为你知道要去哪里，但不确定。你无法计划路上会花多长时间或需要什么。想象一下，当你走了一段距离后，你的老板联系你，要你改变目标。听起来疯狂吗？好吧，老板们经常要求团队朝着定义不清或变来变去的目标努力，这样会浪费资源，导致失败，让员工士气低落。

如果别人为你设定了目标，这并不意味着你要直接同意他们为你设定的任何不明确的目标。正如你需要考虑团队成员的认知一样，你的老板也必须考虑你的认知。你需要坚定地告诉他："我完全理解你想让我实现的目标。"要做到这一点，最好的方法就是把目标写下来。如果有必要，你可以自己写下定义，然后和你的老板商定细节。如果在这一点上妥协，你以后肯定会后悔的。从对最终目的地的清晰愿景着手是成功的起点。

团队成员认知的重要性

如果团队成员认为他们不知道应该做什么，原因可能是：

1. 你没有为他们设定一个有工作任务的目标；
2. 你没有把你委派的工作传达清楚；
3. 他们的观点背后隐藏着原因。

在上述第一种情况中，解决方案是设定目标并开始委派工作。在第二种情况下，你需要检查你委派的工作，然后更清晰地重新进行委派。第12章详细讨论了委派。

在上面的第三种情况中，你需要找出隐藏的原因。有时在工作中，人们会使用模棱两可的语言或误导性的陈述来掩盖他们的真实想法。

例如，当一个人觉得自己无法胜任某项工作时，他可能不会直接告诉你“我做不了”。相反，你可能会听到这样的话：“我不知道别人对我的期望是什么”“应该让别人做这件事”“我现在太忙了，没法承担额外的工作”。这些回避策略会让老板无法真正了解员工的真实想法。

员工使用回避策略可能表明你的团队存在文化问题。如果人们认为发表负面评论会造成麻烦，他们会避免说任何可能导致他们受到批评的话。

如果人们说出事情的实情，或者至少他们是怎么看待事情的，但从老板那里得到负面或批判的回应，人们就会开始使用回避性语言。他们可能会试图用迂回的方式表达自己的观点，可能会试图把责任转移到别处，可能会熟练地避免做任何可能失败的工作。所有这些都会事与愿违，给领导者的生活增加障碍。

你是否已经在你的团队中创造了有效的文化？如果不是，你需要创造文化，因为“如果领导者不创造他们想要的文化，就会得到他们绝对不想要的文化”[1]。最有效的领导者创造了一种开放、严肃的

[1] 作者2010年出版的《管理的秘密》第26条对这一问题做了更详细的阐述。

文化，在这种文化中，任何人都可以“畅所欲言”，不会被指责或批评。你的注意力总是集中在积极的解决方案和前进道路上，而且你总是要求你的团队也这样做。

因此，当人们说他们不知道自己应该做什么时，作为一个有效的领导者，你需要冷静地回应，消除这种不确定性。如果他们的态度仍然存在问题，你要知道他们的消极立场背后隐藏的原因，然后找出原因。这样你会学到对你有利的东西。

不幸的是，有些人就是喜欢消极，喜欢发表不理智、不正确的消极言论。如果这些人不愿改变，也不愿加入你积极、务实的文化中，他们就必须离开。

愿景模式下的行动总结

1. 明确目标；

2. 在相关的地方，确保团队成员理解目标；

3. 检查你和团队是否能够利用可用资源，按时、达标地实现目标。

4. 写一个你能分享的愿景，展示你真正的热情和信念。

接下来，我们将更详细地思考每个步骤。

定义目标

首先，你必须做到这一点，不要让不严谨的描述成为走向失败的第一步。准确地写下目标，这样每个相关的人都能毫无疑问地认同目标。使用只能描述一个预期结果的词语。肯尼迪总统说得非常具体："我们将把人类送上月球，然后在这个10年结束之前把他们安全送回地球。"定义目标就要做到简明、准确、具体、有时限、可衡量。

检查可行性

考虑可行性将被证明是一项明智的时间投资。太多有价值的计划因为目标从一开始就不现实而失败了。

下面是一个非常谨慎的测试目标的例子。

为了载人登月计划，美国国家航空航天局委托进行了三项独立研究，并开展了他们自己的内部研究。之后，他们又对这四组发现进行了另一次单独的天体探查。经过所有的评估和预先计划之后，才决定继续进行[1]。

这是极为谨慎的做法，不过确实与如此庞大的新事业的大胆程度相得益彰。

另一方面，每天都有成千上万的领导者致力于实现新的目标，而不停下来评估其可行性。也许他们认为自己经验丰富，没有必要走这么一步。或者他们赞同这样的观点，即积极思维是万能的，能够克服一切障碍。无论他们的想法是什么，或许是缺乏思考，许多人后来意识到，如果事先进行一点有条理的可行性研究，就会发现他们正在尝试不可能的事情。

在这一点上，一些读者可能会有强烈的冲动，跳过前面的步骤，不去检查可行性，而一味地想取得进展。

其他读者会更愿意接受这样的观点，即停下来检查可行性是值得的。这种差异就是一个例子，说明我们的个性在多大程度上可以影响我们默认的领导风格。

所以，如果你觉得自己被吸引着跳过了可行性，最好停下来想一想："我需要思考我应该做什么，而不是我想要做什么。"

[1] 资料来源:《阿波罗战车: 载人月球飞船史》, 出自C. 布鲁克斯、J. 格里姆伍德和L. 斯温森 (1979) 的NASA档案:《阿波罗飞船可行性研究》, 来自维基百科。

2002年，一项对信息技术项目的研究得出结论：87%的项目未能全部或部分实现最初的目标。失败的最常见原因是这个目标一开始并不完全可行。

2010年新西兰的一项全国性调查显示：三分之二的组织在前一年经历了至少一次项目失败，只有三分之一的项目是按预算执行的，造成约1500万新西兰元的损失。这太浪费了……

在极少数情况下，我们会接受较低门槛的确定性："我们不知道这是否可能，但我们认为这是一个好主意，我们会试试。"然而，对于我们的绝大多数目标，我们不仅要在开始之前知道我们会成功，而且会在一段可接受的时间内成功。

在这个阶段你需要有多确定？你的答案将取决于几个因素：

· 这是第一次尝试，还是以前做过?

· 你会执行更多自己了如指掌的工作，还是会执行自己的团队经验不足的新任务?

· 你能获得所有必要的知识和经验吗?

· 失败的后果是怎样的：微小、中等，还是巨大?

在研究可行性的时候，你通常会发现一些挑战，而这些挑战是你后来会毫无准备地遇到的。这使你能够寻找解决方案、改变方法，甚至修改目标。你的预先计划可能会把失败的事业变成可能的成功。

研究可行性还有一个巨大的好处。当团队开始为这个目标而努力时，你会想说服每个人相信即将到来的成功，而只有当你个人真正相信这是可以做到的时候，你才能做到这一点。你的信念将赋予你行动的力量，给团队成员注入热情。

思考你目前的目标，下面是一个检查表，应该有助于评估可行性。

可行性检查表

1．目标的定义是否毫无疑问，以便每个人都能理解将要实现的目标，并且当它实现时，每个人都能达成一致？

2．在这一过程中必须实现哪些重要目标？

3．你需要什么技能？你的团队拥有这些技能吗？如果没有，你能从其他地方获取吗？

4．你需要什么资源？当你需要它们的时候，你能接触到吗？除了机器和设备、训练、知识、材料、资金，还有什么？

5．哪些工作必须按顺序完成，否则可能延长完成所需的时间？

6. 需要多长时间？你有那个时间吗？有时间限制吗？能在规定的时间内完成吗？
7. 需要多少成本？这个成本可以接受吗？有最高成本限制吗？
8. 哪些工作可以同时完成，从而可能节省时间？
9. 需要来自团队外部的哪些协作？在你需要的时候会有吗？
10. 你能预测可能出错的地方吗？这些风险可以接受吗？
11. 你将如何监控进展，这样你就知道你正在走向成功？
12. 还需要考虑什么？

以上12个问题的答案你可以扪心自问："我有足够的信心继续下去吗？"如果答案是肯定的，那么你就准备好前进了。如果答案是"可能有"或"没有"，那么情况并不乐观，但你仍然可以挽救目标。也许你可以征求更多专家的意见。你的团队中可能有人有实用的经验或知识，或者你可以寻求外部专家的专业帮助。最后，是否可以通过某种方式更改目标，使其能够实现并仍然满足所有相关人员的需求？

如果在考虑了这些因素之后，你仍然相信目标是不可能的，那么承诺尝试实现不可能的目标就没有什么意义了。如果你有老板，可能他在这个阶段应该更多地参与进来。这就引出了老板的问题。

如果你在改变工作方向之前需要获得他人的批准，那么你的书面可行性研究会为你的案例提供支持。如果你不喜欢那种跟老板可以很容易讨论改变行动方向的工作关系，请阅读第16章中关于向上管理的建议。

创建你的愿景

读完所有关于目标设定的信息，你可能会想为什么这个模式不叫目标设定而叫愿景。这种区别很重要。

目标定义是一个枯燥的、真实明确的陈述，而愿景是一个情感充沛的描述。例如，我们提到肯尼迪总统和他的目标是把人类送上月球，他不只是宣布了“我们将把人类送上月球，并从今天起在8年内将他们带回地球”，而是更进一步给我们上了一堂如何分享愿景的大师课。

重读第38页肯尼迪的演讲，你会发现他的话在你的脑海中形成了画面。他的描述语言在我们内心触发了视觉、听觉和动觉反应。肯尼迪的话触动了我们的感官。例如，我们可以很容易地想象那枚巨大火箭起飞时的轰鸣声。在足球场的听众可以看着他们面前足球场的长度，想象火箭令人惊叹的大小。当肯尼迪描述重返地球大气层的强烈热量时，听众中的一些人可能已经感受到了内心的激动。

如果你的团队在情绪上投入了，你就会产生额外的动力。情绪在大脑活动中占有更大的份额，并由此产生思考和行动。[1]这就是为什么创建愿景的领导者比那些简单定义目标的领导者更容易成功。

在写下愿景时，使用准确生动的文字描述，使用一些能够调动人们的味觉、视觉、嗅觉和听觉的词语，让他们知道实现那些必要的关键目标和最终目标到底意味着什么。不要夸大其词，但要描绘出一个生动的画面，让人们可以在脑海中显现。把你的设想写成一篇很短的演讲稿。如果你把字数限制在300字以内，你就能在两分钟内完成你的文章演说。该文本将会起到作用，不仅可以作为参考，供你以后复制粘贴到其他文档中，而且在你的项目引入新成员时可以重复使用。

[1] 想要了解更多关于迅速发展的神经学领域，你可能会喜欢弗吉尼亚联邦大学教授大卫·D. 弗兰克斯的《情感神经科学》。

总结

在愿景模式下，你的目标是：

· 要有一个明确的目标，因为只有当你确切地知道目标是什么时，你才能实现它。

· 你相信在一个可接受的确定程度内，你和团队在规定的时间范围内，按照商定的标准，利用你现有的资源（劳动力、技能、材料、可用时间、外部支持等）达成目标是可行的。

· 你已经建立了一个目标愿景，这将帮助你鼓舞激励他人。

实现这三个目标，你就创造了一个腾飞的平台。人们只能说“做得好”——你在愿景模式下的工作现在已经完成了。

根据事情一般的发展顺序，你的下一个行动模式是“计划模式”，但为了以防万一，你要按照第9章重新评估你的认知，按照第10章重新评估你的团队成员的认知。

领导力的本质就是你必须有远见。它必须是你在任何场合都能清晰有力地表达出来的愿景。你不能吹响不确定的号角。

——西奥多·马丁·赫斯伯格（1917—2015），任圣母大学校长达35年。

第12章　领导模式之计划

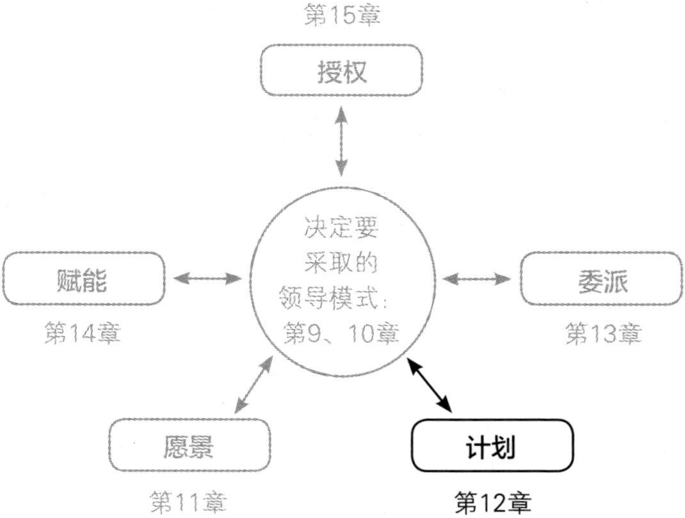

计划模式目的：

· 你有一个可行的计划来实现你的目标，计划要：

经过了严格的推敲。

与设定目标的人达成一致。

在必要时，与所有跟实现这一目标有利害关系的人达成一致。

· 你真的相信你和你的团队能够在规定的时间范围内，按照商定的标准，利用你现有的资源——人员、技能、材料、时间、支持等来实现目标。

关于计划

在开始工作之前，你通常会花多少时间做计划？

· 对细节、程序和流程有天赋的人往往喜欢做计划。

· 天生规避风险的人面临着计划太多、行动太少的危险。

· 有紧迫感和强烈愿望的人经常会因为计划过程而受挫，因此会避免计划。他们有时能产生立竿见影的效果和引人注目的成功，但也要冒着造成引人注目的失败的风险。他们经常犯一些本来可以避免的错误。

正如你从前面章节中所知道的，作为领导者，我们了解自己是很重要的，这样我们才能改变我们的行为，去做我们应该做的，而不是我们喜欢做的。这适用于领导力的方方面面。正如西塞罗[1]的妙句：“一个不能统治自己的人非要去统治别人是很荒谬的。”

还有一种态度会阻止充分的计划——认为计划不值得努力。在诺曼底登陆日（1944年6月6日），负责从英国入侵法国的人是后来成为美国总统的德怀特·D.艾森豪威尔将军。他说：“计划毫无价值，但计划就是一切。”

艾森豪威尔是在评论这样一个事实，也就是很少有计划能像希望的那样成功。在这条路上通常会发生一些不可预见的事件，造成一些困难，破坏我们原来的计划。但是，正如艾森豪威尔继续说的：“计划就是一切。”他提到了这样一个事实，即按照计划工作使适应新环境和回到正轨变得更加容易。换言之，常言道：“凡事预则立，

[1] 马库斯·图利乌斯·西塞罗（前106—前43），罗马律师、政治家、演说家和罗马共和国执政官。

不预则废。”

如果没有充足的计划，即使是最简单的目标也会花费更长的时间，导致在更高的成本下获得质量更低的结果，正如第2章中的实习生在重新装修那两间办公室时发现的那样。做好计划的小组晚两小时才开始工作，但工作却完成得更快。

计划的另一个重要好处是，有一个可信的计划能让你自己真正相信你会成功。你的计划证明你能在要求的时间里，达到必要的标准，利用可用的人员、技能、材料等来完成工作。

当你告诉每个人“我们能做到，我们会做好”时，你的个人信念有着举足轻重的作用，它能让你听起来更有说服力。当你的团队看到你是如何根据一个深思熟虑的计划来操作时，他们就会相信你即将取得成功。因此，你的计划在激励和组织中起着至关重要的作用。但是你应该花多少时间来做计划呢？

许多专家建议，领导者应该拿出15%的时间来做计划，留出85%的时间来采取行动[1]。这有点死板。如果你能花最少的时间来确信你能完成计划中的所有步骤，并且在不必重做工作的情况下把它们做

[1] 桑吉夫·奥古斯丁的《敏捷项目管理》（普伦蒂斯·霍尔出版社，2005）。

好，这怎么样呢？这是一个合理的测试，可以帮助你避免遗漏任何重要步骤或以错误的顺序执行工作。你需要一个能避免恼人意外的计划，只要多预先考虑一下就很容易做到。

当你推理时，你甚至会发现实现目标的一些不可逾越的障碍。在这种情况下，至少你很早就发现了问题，从而能够奋勇一搏，找到解决方案。如果你找不到，提前知道也会降低后果的严重性。

团队成员的认知是“我不确信这是可能的”

当团队成员不确信他们的目标是可能的时，我们知道缺乏信念会有损他们的表现。当一些团队成员对即将面临的挑战感到消极时，他们信心的缺乏会蔓延到整个团队，这会消耗团队的能量、破坏团队的表现。有两个可能的原因：

1. 团队成员目前还不了解如何完成此任务，这表明需要进行更细致的委派。

2. 团队的意见是对的，目标不可能完成。这意味着你必须考虑你的选择，首先是切换回愿景模式，思考如何应对这个消息。记住，领导很少是有序的线性发展。

一些领导者试图通过个人魅力、娴熟的辞令和个人信念的展示来说服他人。这就是“我说可以做到，就能做到”的领导方式。这可能行得通，但前提是证明领导者是正确的。

领导者最终会宣称某些事情是可能的，但结果他们错了，这是不可避免的。从那一刻起，团队就会无视领导者的热情宣言，把它当成纯粹的炒作。他的领导资历已被削弱，可能永远如此。因此，炒作只是短期的招数。

最好的解决方案是让每个团队成员都准确地理解如何实现他们各自的目标。没有什么能比一个切实可行的计划更好的了，这个计划是由那些相信结果的人，通过他们领导者的能力来执行的。

创建计划

你现在应该确定你的目标是可行的。如果没有，请参考第11章愿景模式下的可行性检查表。你的可行性研究已经开始让计划之球滚动。下一步是把它发展成一个完整的计划。

计划一个项目已经成为复杂的计算机化计划软件的同义词，并且需要通过培训来理解所有涉及的术语、图表和系统。专业计划师参加考试是为了获得加入专业机构[1]的资格和认证。如果你处理的项目庞大而复杂，那么这种知识水平的提高会对你有帮助。

但是，你的项目可能不需要这样复杂的方法[2]。在求助于外部帮助和计算机化计划系统之前，请考虑你需要在何种程度上满足以下这些常见要求：

1. 在实现最终目标的过程中，你必须达成哪些目的?

2. 为实现上述每个目标，你的团队必须采取什么行动顺序?

3. 你的员工可以同时从事哪些类型的活动来加快进程?

4. 每一项工作会花多少时间才能完成?

5. 每一项工作必须在何时完成，每一项后续相关工作何时开始?

6. 在工作的每个主要部分结束时，有哪些主要的里程碑可以帮助你检查进展是否令人满意?

7. 谁来做这项工作，你能在需要时提供必要的人员吗?

[1] 例如，英国项目管理协会和美国项目管理协会。

[2] 计算机化的项目计划和管理系统不在本书讨论范围之内。建议阅读更多关于这些系统的信息:《计算机辅助项目管理》（乔治·苏哈尼克，牛津大学出版社，2000）。

8. 是否需要一些培训来弥补所需技能的不足?

9. 需要什么材料、设备和用品?

10. 你需要团队之外的什么贡献：行动、支持、供应，等等?

11. 你将如何根据你的计划监控进度，以便在必要时进行调整?

12. 你将如何从时间、成本、质量等方面衡量优异成就?

在考虑了以上问题之后，这里还有两个很有说服力的问题：

· 创建能回答上述问题的计划，并制定出一个你和其他人都能执行的计划。对此你是否有经验?

· 你是否有完成类似计划并按时满意地实现最终目标的记录?

如果上述两个问题的答案都是“是”，那么你显然擅长在自己的工作领域制定和实施切合实际的计划。如果你不那么自信，那么第17章和第18章的“计划方法”指南应该会让你受益。

不管你使用什么计划办法，都有一个推荐的最后一步，它已经把许多有问题的计划转化为成功的可靠蓝图。专业计划师将选择一名或多名独立专家检查他们的工作，这些专家此前并不参与。这种分离是必要的，因为做计划的人很容易对计划的缺陷视而不见。

不要陷入自以为计划天衣无缝的误区中。相反，要提前假设计划在某个地方可能存在潜藏着的小毛病，而这个小毛病之后就会让你栽跟头。所以，要将不可避免的错误暴露出来。我们与自己的计划关系过近，沉浸在它的成功之中而无法自拔，甚至对于其他人而言显而易见的问题，我们会更加视而不见。为保险起见，选择至少一位拥有恰当经验的人来检查你的计划。告诉他们你希望他们能找到计划中的漏洞。如果遗漏了这一步骤，后果会不堪设想、代价巨大。

计划模式检查表

- 你的目标是以书面形式确定的。
- 你的目标与目标的“赞助人”是一致的：老板、客户，等等。
- 你已经创建了一个足够详细的计划，能够有组织地执行计划并实现目标。
- 你的计划已经被一个或多个独立的专家批准为切实可行的。

当你的计划完成后，你就可以进入下一个合适的领导模式了。按照事情一般的发展顺序，下一个将是委派模式，你可以将计划转换为行动和结果。

最重要的是，你需要全心全意地相信你的计划，因为你的信念会让你自信地行动，这反过来会激励别人。

如果所有事情一起让你偏离了轨道，你可能需要返回计划模式，并且需要相应地调整计划。当离目标越来越近时，你重新计划的时间就会减少。

在计划之后，你通常会立即开始委派工作，我们将在下一章中讨论这一内容。然而，每当你觉得自己已经以某种领导方式完成了工作时，最好停下来反思一下自己和团队成员对未来工作的认知。要做到这一点，在你进入下一个领导模式之前，先看一下第155页和第156页的认知图。

最终，慢慢熟悉之后，这个过程会感觉很自然，因为你反复学习、思考、决定并采取行动。

当机会遇上计划，就会有好运。

——托马斯·阿尔瓦·爱迪生（1847—1931），美国人，留声机、电影摄影机、耐用灯泡、录音等的发明者。

第13章　领导模式之委派

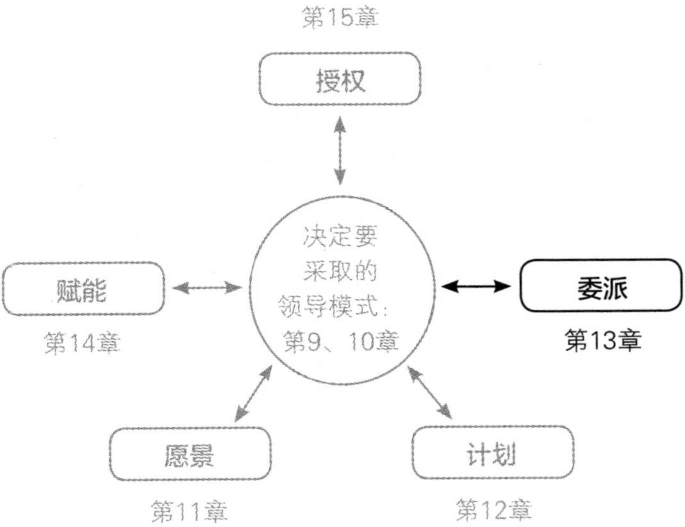

委派模式目的

· 目前的每一项工作都得到了有效的委派。

· 每个团队成员都理解他们的个人目标，其中包括他们必须做什么、怎么做、什么时候做，以及达到什么质量或可衡量的结果。

委派模式的行动

在愿景和计划模式中，你专注于做正确的事情。在委派模式中，你专注于把那些事情做得正确，这需要协调谁做什么和什么时候做。

在下列情况下，你将以委派模式行事：

1. 你已经在计划模式下完成了你的工作，已经确立了成功的标准，是时候开始工作来实现目标了；

2. 你的认知与那些意见相反的人一致；

3. 团队成员的认知和那些意见相反的人一致。

你划分工作，把目标和任务交给别人。你想让人们想“我完全知道我应该实现什么，以及如何做我的工作”。如果这项工作将充满挑战和困难，你也希望他们认为“我可能会发现这是一项艰巨的任务，会让我感到力不从心，但我知道我可以做到”。

当一个人真正持有这些自信的观点时，你可以说他已经“开窍”了。若无不可预见的错误发生，他很可能会表现出色，实现目标。

通常情况下，管理者会将员工的消极反应理解为他们的错误，并暗示他们的态度不好或懒惰。事实上，这种错误更多的是由无效的委派造成的。

当你把工作委派给别人时，如果他们的反应是消极的，那么找出他们消极反应的原因很重要。他们理解对了吗？他们认为这项工作太难了吗？他们是否看到你需要注意的问题？我们希望员工能够成功。我们希望他们对未来的工作抱有积极的态度。如果他们没有，很值得找出原因并采取适当的纠正措施。

作为一个大型组织的领导者，你要有能力把管理细节的工作委派给其他高层人员。你把主要目标委派给别人，让高管来分配工作和处理细节。但是仍然要阅读下面的内容，因为你自己的委派过程设定了其他人将会遵循的标准。

在委派模式下，领导者通过分工将计划转化为行动，从而使每个单独的任务与所有其他任务协调一致。你把你的计划分解成可管理的工作量，可以将其交给个人或小组。

你可能已经有一个喜欢的方法来划分工作。如果这已经证明是成功的，那就太好了。如果没有，创建一个工作分解结构的方法可能会让你受益，如第18章所述。一旦你把工作分成了合适的几个部分，就可以开始委派工作了。

将工作分成可委托的量后，领导者需要有效地进行委派，而不仅仅在最少的监督下分发工作，并假设所有工作都会顺利完成。这就是推卸责任，最终会走向失望。

委派指导

1. 如果有一位可靠的经理向你汇报工作，那就委派一些适量的工作给他，让他划分监管。你可以偶尔与经理联系以监控进度。

2. 考虑现有的人力资源。如果你委派的所有工作加起来超过了任何一天或一周的可用时间，你需要修改计划或寻求额外帮助。

3. 你不需要确切地知道每一个微小的工作将如何完成，但你需要确保做这些工作的人有必要的知识。你的员工的知识和完成工作所需的知识之间有差距吗？如果有，你需要找到一种方法，通过输入额外人员或将部分工作外包，用培训来填补这些缺口。

4. 当把工作交给非常有能力的人时，把目标委派给他们，让他们通过决定如何着手实现目标的细枝末节来发挥自己的能力。

5. 把它写下来。描述你想要达到的目标。定义一个成功的结果，这样就可以对照这个定义检查完成情况，毫无疑问地达成一致，并庆祝完成。必要时设定完成的目标时间或绝对期限，囊括所有必要的细节以避免误解。

6. 始终让人们认同时间表和最后期限是现实的，是可以实现的。强迫人们接受他们认为自己无法完成的最后期限没有任何好处。你需要人们真正相信这是可能的。如果答案是否定的，那就去挖掘原因，并努力创造解决方案。提前处理好这些困难，日后你就会得到回报。

7. 不要总是把最差劲的工作给最优秀的人。这会让表现最好的员工陷入困境，他们本来可以为你取得更大的进步。

8. 如果员工能力较低，就有必要给他委派一系列较小的任务，这些任务加在一起就能实现目标。这需要更密切的监督和微观管理。只要有可能，就尽量避免这样做，因为这样会占用你大量的宝贵时间。

9. 确保所有必要的材料和资源在需要时都是可用的，如工具、设备、资金等。

10. 有效委派后，让员工继续工作，但继续掌控情况。当你对照计划检查进展情况时，给自己写日志。随身携带委派工作情况的日志，这和把工作放在第一位一样重要。

如何判断你在委派模式下的成功与否?

当你有效地委派了大量工作时，你会发现：

每个人都了解自己的个人目标。

每个团队成员都清楚地知道他们必须实现什么以及如何实现。

每个人都知道什么时候必须完成任务。

每个目标都有一个明确的、可衡量的结果，完成后你可以在列表中划掉。

把最大数量的低层次任务委托给别人，可以节省你自己的时间。当你学习、思考、决定和行动的时候，你可以投入更多的时间来关注高层次的领导活动。

最后的话

你将需要定期返回委派模式，直到实现最终目标。要决定下一步采用哪种领导模式，可以通过再次审查领导者和团队成员的认知来考虑自己的情况。

那些想事事亲为的人，或者想把所有功劳都据为己有的人，无法成为伟大卓越的领导者。

——安德鲁·卡耐基（1835—1919），他白手起家，成为世界第一大富豪（按2017年的价值计算，财富最高达到3090亿美元），然后捐出了90%的财富。

第14章　领导模式之赋能

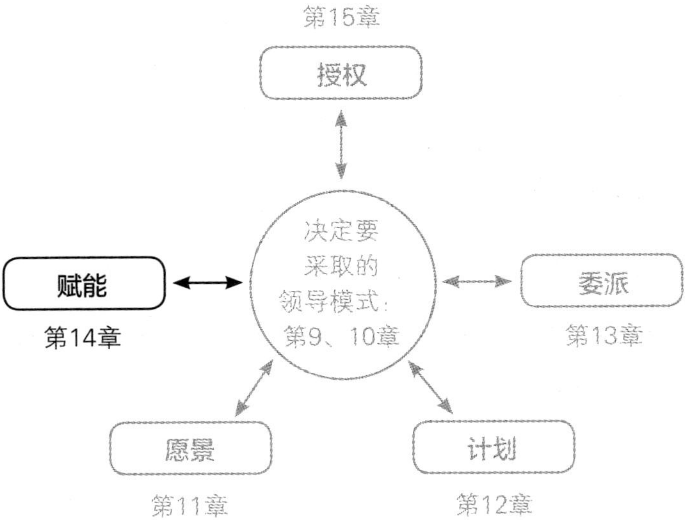

赋能模式目的

· 每个人都知道做什么及怎么做。

· 我们拥有所有必要的技能。

· 没有任何不足或缺陷会阻碍进展。

· 人们在一起工作很有效率。

· 我们的进度准时，达到了要求的标准。

· 我相信，我们正在朝着实现目前所有目标和目的的方向前进。团队成员也表现出信心。

在一个理想世界里，我们将委派目标，然后再处理其他问题。很快，人们就会回来报告："工作完成，下一步是什么？"

领导者的生活很少有这么容易，但我们可以通过"赋能模式"使它变得更容易。你可以在下列情况使用此模式：

在你将很多工作委派给团队成员之后，或者

你的认知与认知图中陈述的内容相反，或者

团队成员的认知与认知图中的内容正好相反。

随着越来越接近目标的实现，你在这种模式下花费的时间可能会增加。

赋能模式下领导者的措施

（一）走动式管理

“走动式管理”是一种古老的管理策略，管理者会离开办公室，到工厂或车间里走动走动，亲眼看看工作的进展情况。事实上，年长的读者可能还记得，有些管理者的头衔是“地板行走者”。

无论你在哪种类型的组织工作，都强烈建议你在一线员工中花点时间。你会对手头工作的实际情况了解很多，巩固自己作为团队一员的地位。你可以发现一些没打算做的事。你要检查主管和更多下层领导是否向你反馈了所有相关信息。你会发现提高效率和改进协调的机会。当然，当员工想要一些帮助来让他们的生活更轻松或者工作更高效的时候，他们会来问你。

（二）学习、思考、决定和行动

询问人们工作进展如何。避免那些只会得到“是”或“不是”回答的问题。问一些开放性的问题，比如“最近怎么样？”“跟我说说那个吧！”“你觉得怎么样？”“我们怎样才能做得更好呢？”“你认为未来会面临哪些挑战？”“哪些事情进展顺利，哪些事情进展不顺利？”“我们怎样做才能使工作更容易/更快/更好？”这会让人们敞开心扉，说出自己的真实想法。他们可能会带来令人不快的消息。但是，如果你能有效地领导，他们可能还会提到团队合作得如何。

用心观察，注意倾听。你肯定会对你的员工、他们的工作以及如何加快进展有更多的了解。你需要营造一种开放的氛围，揭示所有相关的真相。每当责难和批评快要脱口而出时，你就要用“这很有趣。那么，你认为可能的解决办法是什么？”这样的回答，把它重新组织成积极的行动。你要奠定一个积极的基调，总是专注于解决方案和进展。

然后你采取行动，而且要一直行动。不断学习、思考、决定和行动是至关重要的领导特质。

（三）在前方实地指挥

在赋能模式中，你该采取行动了，所以现在是卷起袖子并证明你不害怕艰苦工作的适当时机。人们会更容易跟随一个通过自己的行动指明方向的领导者。

（四）发现表现出色的人

找到事情做得好的人。这让你有机会说“工作不错，干得好”。应得的赞美总是受欢迎的，人们会以新的热情回应。其他注意到你赞美的人会加倍努力，希望你也认可他们的努力。

（五）该坚定的时候要保持坚定

在项目的这个阶段，往往会出现障碍，削弱团队的信心，考验自己意志是否坚定。如果发生这种情况，反思你在愿景和计划模式中所采取的谨慎措施，确保你的目标可行、可实现。确信可以在愿景和计划模式下完成之后，在这个后期模式阶段，不确定性是一个潜在的敌人。它会侵蚀团队的决心、信念和表现。在你内心的这种想法初见端倪时，就要打消它。让你的团队看看你是如何专注于完成工作和克服障碍的。

（六）以赋能模式实现领导者的目的

1. 检查每个人都知道该做什么和如何做。

2. 确保你在团队内部拥有所有必要的技能，或者可以从外部获得。

3. 寻找任何可能妨碍进度的不足或缺陷，并加以解决。

4. 确保你的员工作为一个团队有效地合作、相互支持，而不仅仅是专注于他们个人的成就。

5. 检查进度是否按时、达标。

当你完成了以上任务，并且自信地觉得自己正在朝着实现当前所有目标的方向前进时，你就准备好改变领导模式了。再次检查领导和团队成员的认知（第155页和第156页），并选择下一种行动模式。

无论你决定走哪条路，总会有人告诉你你错了。重重困难诱使你相信你的批评者是对的。制定一个行动方案并自始至终贯彻它，需要勇气。

——拉尔夫·沃尔多·爱默生（1803—1882），哲学家和散文家，《自力更生》的作者。

第15章　领导模式之授权

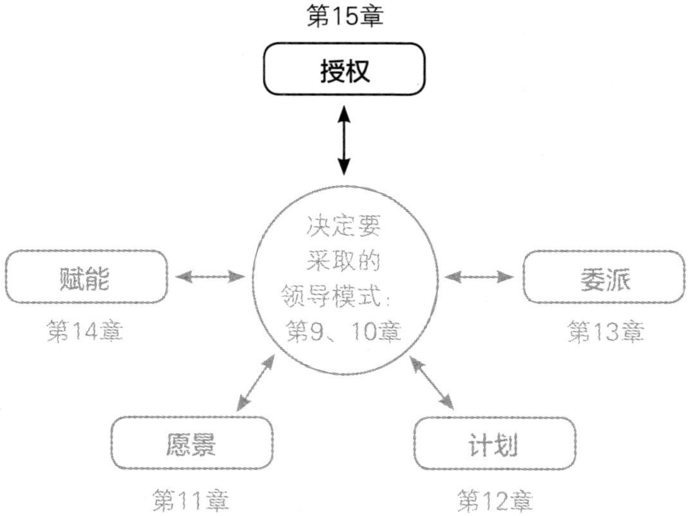

授权模式目的

· 我们正在按时取得进展，我相信很少或根本不依赖于我的投入，我们也正在走向成功。

· 我的很多时间都可以自由地用来为未来做计划。

当出现下列情况时你需要采取授权模式的行动。

人们知道应该取得什么成就及如何完成这项工作。

人们拥有必要的技能和资源。

没有不足或缺陷会妨碍工作。

每个人都能有效地合作。

关于授权

根据《牛津英语词典》，授权是“赋予某人做某事的权威或权力”，是“变得更强大、更自信的过程”。《商务词典》还增加了与工作相关的描述：“……与员工分享信息、奖励和权力，这样他们就能采取主动，做出决定来解决问题，改善服务和绩效……给予员工技能、资源、权力、机会、动力，并让他们对自己的行为结果负责。”

把你的经验和那些定义比较一下。作为领导者，你应该有权领导你的团队。你要对他们的结果负责。人们应该信任你能在没有来自上级监督的情况下取得成果。因此，你会感到有动力去把你的工作做到最好，而不需要有人来监督你，告诉你继续做下去。

因此，你知道被授权是什么感觉。你要体验的乐趣应该来自：

迎接挑战，自己克服它们。

发挥你的个人潜力。

在工作中学习和成长。

获得对你成就的尊重。

知道你是通过自己的才能和努力来实现目标的。

感受到实现目标的动力和通过行动实现目标的意志力。

这些因素创造了情绪上的高潮。当你授权给团队成员时，你就有可能让他们体验到更高层次的满足，甚至是自我实现[1]。这对你的回报是三倍的：

[1] 自我实现："一个人的才能和潜能的实现或满足，尤指作为每个人都有的动力或需要。"(《摘自牛津英语词典》)

1. 人们可能会以最高效率工作，或者接近最高效率。

2. 你监管得少，但成就得多。

3. 你腾出时间来投资高价值的活动，比如计划未来。

要授权给人们，你就要给他们操作的自由。你把目标委派给他们，让他们在没有你密切监督的情况下工作，产生你想要的结果。如果他们有要求，你仍然会提供支持，但你放弃了很多控制的负担。

如果你是一个大型组织的老板，你应该经常能够以“授权模式”行事，因为你应该有一个由非常能干的人组成的高级团队。你委派目标，让高层人员去实现它们。

如果你管理的是一个小团队，其中大部分人直接向你汇报，那么你就需要逐一考虑每个人，以及他们目前的工作目标。

如果你在执行愿景、计划、委派和赋能模式时是一个有效的领导者，如果你的团队中有能干的人，你应该可以授权给一些人，而无须事无巨细地管理他们。

要意识到这样一个事实：有些人永远不会愿意承担全部个人责任，如果你给他们其他人想要的自由和责任，他们就会崩溃。这些人将永远需要密切的监督。不要轻视他们，因为他们也会有自己的价值。奇怪的是，我们发现往往是那些拥有罕见的、不可替代的技能的人属于这一类。

要知道，有些项目永远不会允许你在“授权模式”下运作。这可能是因为它们涉及迅速变化的环境，经常需要重新计划。或者工作将你的团队推向了他们技能的极限，所以你必须对他们的表现保持警惕。

授权模式下领导者的措施

寻找有能力的人，他们将是知道做什么和如何做的团队成员。没有任何不足之处会阻碍他们的进步，你也会相信他们的进步不会受到其他人或外部因素的负面影响。你有信心让他们继续工作。他们能够按时并以令人满意的标准实现个人目标。

把目标委托给别人，让别人去做工作后，要退到一边，但要观察他们是如何应付工作的。用诸如“我相信你能做到”之类的话来证明你的信任。提供一个紧急安全地毯，上面可以这样写“如果有必要，如果你有疑问，就来找我吧”。你不会因为监督进展而放弃责任，你会在将来某个时间回顾进展。把那当作一个约定，然后坚持下去。大多数情况下，人们都会应对自如。通过给他们机会证明自己，你就能帮助他们成长和发展。

有些工作需要从头到尾的密切监督。在这些情况下，你可能永远没有机会在授权模式下运作。但是，如果你觉得在工作范围内你必须始终管理工作细节，请稍等一下。现在，问问你的动机。你有没有可能像他们说的那样，变得有点控制狂？或者有没有可能你没有把足够的注意力放在培训你的员工上？你是否建立了管理制度，消除人们习惯性地提到你的必要性？

如果不能稍微放松一下缰绳，就会阻碍别人且严重影响你自己的成就。有效的领导需要让其他人在这种情况下挺身而出，代替你完成工作。为了帮助你决定你是否错过了授权给别人的机会，可以通过参考第155页和第156页上的认知图，重新评估个人或整个团队的适当领导模式。

亨利·福特喜欢授权给别人，让他们在没有监督的情况下工作，而他则退居办公室思考。他常说："思考是最困难的工作，这可能是很少有人进行思考的原因。"非常正确。能够授权他人是领导力的顶峰，因为它能让你自由地真正专注于学习和计划未来的进展。

太上，不知有之……功成事遂，百姓皆谓“我自然”。

——老子（前6世纪—前5世纪），中国古代思想家、道家学派创始人。

第四部分

“操作方法”指导

必要时，或在前几章提到的情况下，请参阅以下指南。

领导力和学习密不可分。

——约翰·F. 肯尼迪（1917—1963），美国第三十五任总统。

第16章 向上管理

要想成为一个成功的领导者，你需要与你的老板保持健康、积极的关系。这将使你的工作生活更愉快，提高你的工作满意度，帮助你的事业，并使你能够处理棘手的情况，比如告诉老板他不能得到他想要的。

老板们各不相同，其中一些人才华横溢、鼓舞人心、乐于助人。他们使我们的工作更容易，我们乐于和他们一起工作。其他老板缺乏安全感或优柔寡断，做不出决策，这会使生活更加困难。有些老板在没有适当考虑决策后果的情况下就匆匆下结论。有些认为他们无所不知，不会接受别人的意见。有些沟通能力很差，你永远无法确定他们想要什么。

有些老板对你放手不管，你得不到任何支持，只能在一种封闭状态中行动。更多的人想要从微观层面管理一切，这会削弱你的权威、减缓你的进展。更糟糕的是，这样会鼓励你的团队绕开你，直接去找“真正的”老板。如果你向多个老板汇报工作，你的生活就会变得更加复杂。

这描绘了一幅暗淡但现实的画面。可悲的是，领导力的质量普遍来讲都很差。美国民调机构盖洛普对100万名员工进行了调查，发现他们辞职的主要原因是对自己的老板或直接上司不满。[1]这真是浪费。

除非你非常幸运，否则要确保与老板建立高效的关系，你需要向上管理。这不是巴结讨好，而是让你的工作关系更有效。这里有一些建议可以帮助你做到这一点。

· 你的老板就像一个非常重要的客户。你把你的服务卖给他，作为回报你会得到一份收入。因此，要把你的老板当作一个非常重要的顾客对待。提供优质服务，尽最大努力不让他失望。

· 了解你的老板。要做到这一点就要设身处地为老板着想。他本人需要、想要和关心什么？正如美国印第安人的谚语所说：“要了解一个人，我们必须穿他的鹿皮鞋走一英里

[1] 资料来源：盖洛普公司。

的路”。

·正如团队成员往往达到或辜负你的期望，老板也一样。表现出一种期望：你的老板会有效地管理你。如果运气好的话，他会更加努力不让你失望。

·主动沟通。通过主动定期告诉老板，消除他对正在发生的事情的疑虑。

·找出你的老板喜欢怎样接收信息，是电话、电子邮件、面对面、约会、走廊里的临时会议、一份简短或冗长的报告、下班后的闲聊、早早上班利用一天开始前的安静时间、在酒吧里开会，还是其他什么。采用他喜欢的沟通方式，即使这不是你最爱的。

·我们最喜欢和与我们相像的人相处。你只要稍微努力就可以显得更像你的老板。当你和老板说话时，要配合他喜欢的说话风格，无论快或慢，快节奏或再三考虑，强硬或温软，心直口快或照顾他人的感受。你想让你的老板想“我能理解这个人”[1]；

[1] 考虑学习更复杂的沟通技巧，包括手势、语言和说话模式。例如，保罗·麦吉所著的《如何说话才能让人们真正倾听：用影响力来沟通的直言指南》（开普斯通出版社，2016）。

· 我们可能无法让老板喜欢我们，但我们可以让老板尊重我们，这样可能更好。例如，始终兑现你的承诺。如果这是不可能的，告诉老板即将到来的问题，越早越好。始终谈论解决方案，永远不要责备。永远不要把成功的功劳据为已有，但一定要让老板知道你的主要成就。出问题时，决不推卸责任、转移责任。始终表现出令人钦佩的职业道德。无论如何都要支持你的老板（前提是他没有做违法、不道德或愚蠢的事情）。这些描述了你想要什么样的人为你效力，你的老板也是如此。

· 乐观一些。绝对不要在工作中抱怨。如果你一定要发泄，那就在工作之余发泄，那么你就不会在工作中重复你的评论。这样，你的老板就永远不会把你视为问题的一部分，而是解决办法的一部分。

这张清单为你的行为设定了一个很高的标准，但它难道不是我们都渴望成为的人吗?

最后一个想法。就像在婚姻中你不能选择你的伴侣，同样，在工作中，你也不能选择老板。如果你能让你们的关系正常运转，这可能是目前为止对所有相关方来说最好的解决方案。如果你和你的老板

“离婚”，换一个新职位，既然有那么多差劲的老板，说不定你的下一个老板可能会更差劲。

通过你的机智行动，你可以和老板建立一种工作关系，让你出色地完成工作、发挥你的潜力。然而，如果在尝试了以上所有的补救措施后，你还是带着不愉快的心情回家，那你就知道在这样的处境中你永远不会成功，可能是时候采取更激烈的行动了。

人应该追求客观事实，而不是一味寻找自认为是事实的想象。

——阿尔伯特·爱因斯坦（1879—1955），德国物理学家，尤以相对论闻名于世。

第17章　纸质计划

你需要一个大的平面，如桌面、白板或办公室墙壁。接下来，你要用一张像Post-it[1]这样的黄色便利贴。按如下步骤进行：

1. 头脑风暴；

2. 对工作流进行排序和划分；

3. 添加里程碑；

4. 计算执行计划所需的时间，确定关键路径；

5. 采取措施，避免成为“计划谬误和团队规模缩放谬误”的牺牲品；

6. 在你的计划中加入应急措施；

7. 检查你的信念。

---

[1] Post-it©是3M公司的注册商标。

头脑风暴

你可以头脑风暴所有你认为需要做的事情：个人目的、最终目标，任何能想到的。重要的是，尤其是在与他人进行头脑风暴的时候，要遵循一些简单的规则来保护和提高创造力。

头脑风暴规则

第一步：

接受所有有效的想法，并迅速记录下来，不要停下来加以批判。在这个阶段，不要质疑任何想法，不管它们最初看起来多么愚蠢。消极的想法会扼杀创造力，所以只能表达积极的想法。鼓励每个人都贡献自己的力量，因为通常安静的人想出的点子容易被别人忽略。在此之前不允许任何干扰，因为它们会扼杀思想的流动。

第二步：

休息一下。当头脑在激烈的头脑风暴后放松时，更多有价值的想法就会浮现在脑海中。马上写下来，否则你会再次忘记的。虽然看起来很疯狂，但的确就是这样。

第三步：

休息后，把增加的想法收集到便利贴上。头脑风暴现在已经完成，你可以切换到批判模式。

在头脑风暴之后，你在每一张纸条上做笔记，并改进每个目标的措辞，以便它准确地描述必须实现的目标。记住，每个目标只是实现最终目标所必需的众多目标之一。有些纸会用来描述必要的任务。有些想法和笔记，经过慎重考虑后，就不值得保留了。你抛弃那些无关紧要的想法，再加上更多的想法。

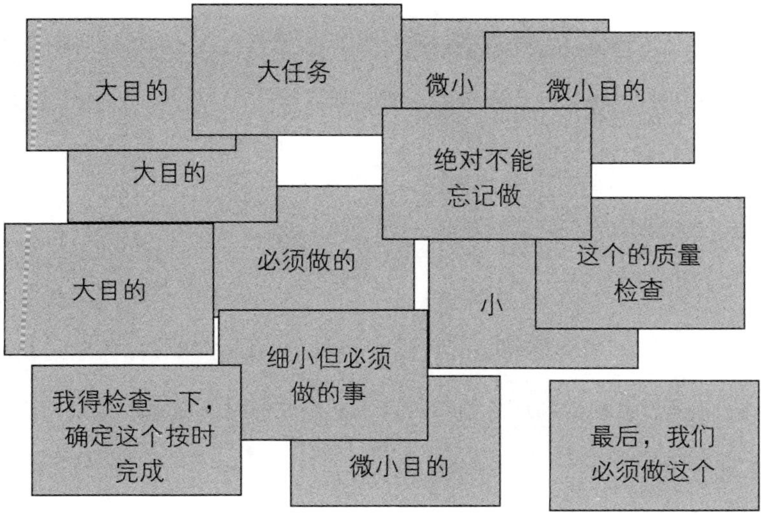

头脑风暴任务、目的和一切与实现目标相关的事

对工作流进行排序和划分

开始一些任务之前需要先完成其他的任务，所以你要先将任务和目标按顺序排列。按时间进展顺序，把第一个任务放在左边，把其他任务放在右边。

当你对任务和目标重新排序时，你会发现工作自然地分成几个活动流，你可以让人们同时工作。例如，重新装修办公室的计划工作[1]很容易分成四个活动流：

1. 监控进度，（必要时）调整计划；
2. 获取油漆和其他材料；
3. 准备房间和表面刷漆；
4. 涂抹油漆。

不同的人可以同时进行这四种活动。

当你回顾所有便利贴的时候，将单个的任务和目标从左到右横向显示工作进展的顺序。当你的计划开始成形时，就等于是在创建一条时间线。

---

[1] 第二章，第16页。

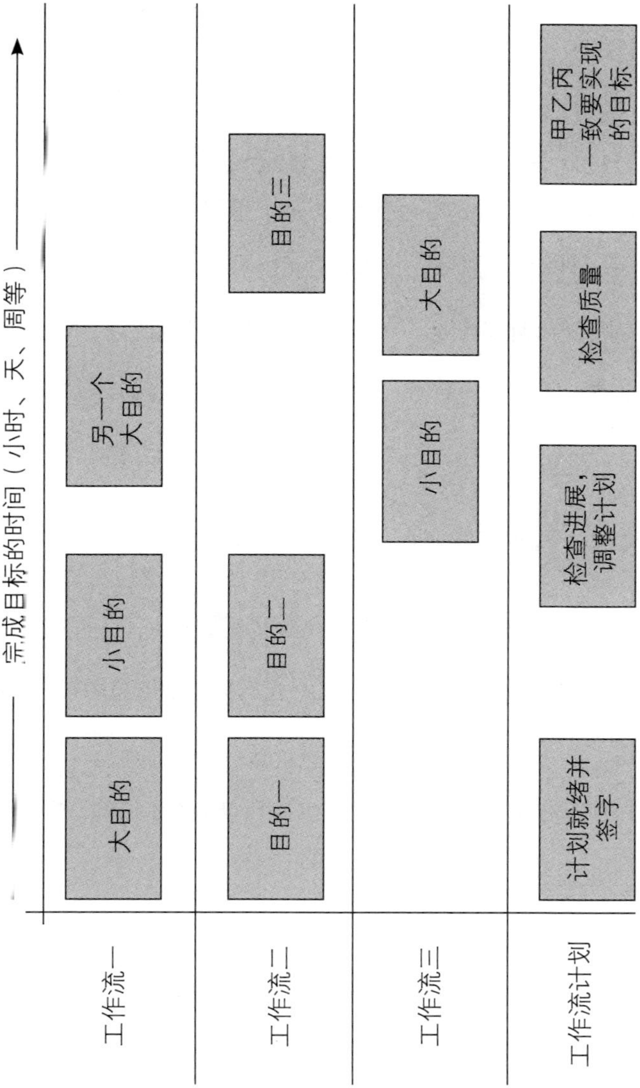

按时间顺序组织工作，并划分成工作流

添加里程碑

在这一点上，你会发现整个过程有一些重要的里程碑。例如，这些可能是重要节点，标志着一项工作的完成，取得一项重大成就或到了一个审查阶段合乎常理的关头。为每个里程碑创建Post-it便利贴并将其添加到计划中。你可以用不同颜色的纸来进行突出显示。里程碑是事件，因此持续时间为零。一直以来，你都要不断改进你的计划，把这些纸条按照正确的事件顺序，并沿着你的发展时间线水平放置。

计算执行计划所需的时间，确定关键路径

许多项目经理使用一个流行的公式来估计完成一项任务所需的时间。使用公式的最大好处或许是它鼓励人们更仔细地思考做某事需要多长时间。

这种技巧值得你一试。想一想你的团队即将承担的一项重要任务。

1. 经过认真思考，对所需时间的最佳估计是多少？将答案乘以4，并记下结果。注意这个时间。

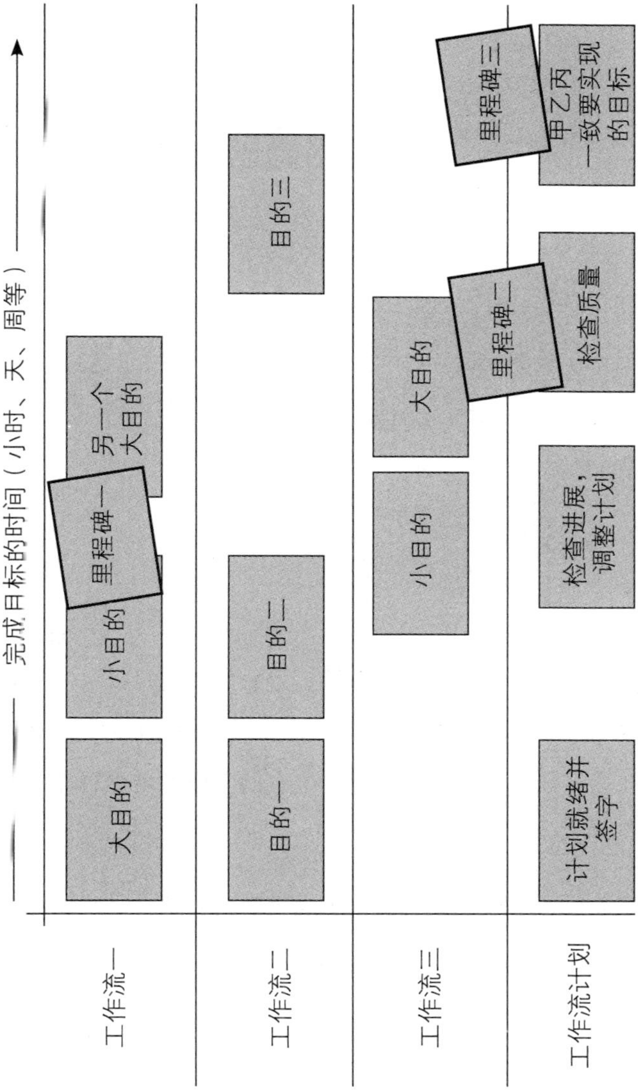

添加里程碑，改进事件顺序

2. 现在，乐观点。如果一切顺利，完成任务所需的最短时间是多少?

3. 现在，悲观点。如果情况不好，需要多长时间? 注意这个时间。

4. 最后，将上述三个结果相加，除以6，得到所需估计时间的加权平均值。

作为一个公式，它看起来是这样的：

最佳估计：T_m

乐观估计：T_0

悲观估计：T_p

（$4T_m+T_0+T_p$）÷6=加权平均估计[1]

尝试这种方法一段时间，你可能会发现，正如其他人所做的那样，它在许多任务和目标中的平均值有助于你产生更可靠的时间估计。

一旦你估计完成每项工作需要多长时间，你就可以水平地合计所有项目。现在，你可以垂直合计每天或每周的工作小时数。这将使

[1] 这是三点估计法，经常与PERT（计划评估和审查技术）一起使用。

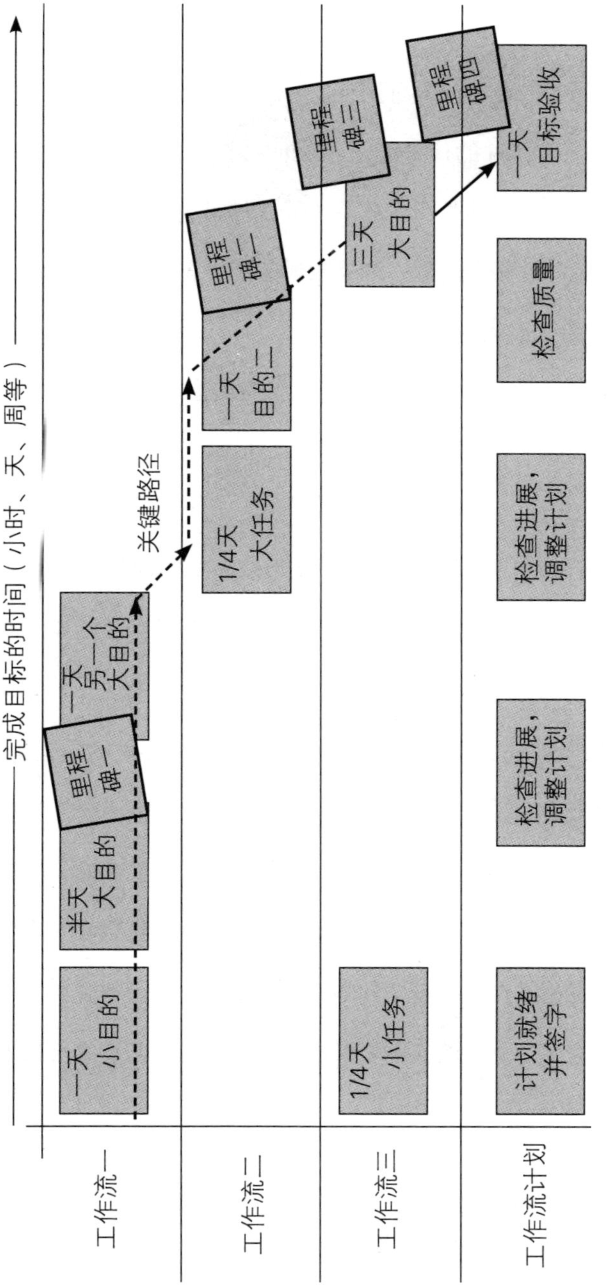

添加时间，改进顺序，计算关键路径

你能够检查你是否有足够的人可用。

你将面临一个特殊的任务流，每个任务在前面的任务完成之前都无法启动或完成。这将是一系列需要最长时间完成的任务流，将显示你可以实现目标的最短时间。如果在任务流中有一项任务延迟，就会拖慢整个项目的进度。

这一系列关键事件称为关键路径。你需要意识到并小心地管理关键路径，否则每一个小延迟都可能会为你的最终目标增加大量的时间消耗。

不用借助计算机计划系统就有可能为较简单的项目确定关键路径。这样做将大大提高你的能力，按时、按预算和按期望的质量实现你的目标。

如果计划变得非常复杂，因为涉及的变量太多，你无法轻松建立和计算关键路径，那么建议你切换到软件形式的计划工具，如Microsoft Project、Jira、Slack、Wrike和其他工具。然而，现在有各种各样的竞争系统，其中许多是基于云计算的。你可以找一个特别适合你的工作类型。在线搜索“计划软件”和“项目管理软件”。

接下来还有一个重要的问题要考虑。你估计的时间有多准确?

采取措施，避免成为“计划谬误”的牺牲品

人们在估计时间时非常乐观，在一定程度上我们都会这么做。我们人类似乎有一种天生的乐观主义，这种乐观主义以各种方式表现出来，其中之一就是我们倾向于低估事情将要持续的时间，通常会低估40%~50%。1979年，这一理论被命名为“计划谬误”。各种学术研究提高了我们的认识。例如，在1994年，一个班的学生被问到完成论文会需要多长时间。他们平均预测34天。实际花费的平均时间为56天，比估计的要长40%。[1]

我们每天都能看到这样的例子，人们通常比承诺的时间更晚完成工作。在更大的范围内，政府花费大量资金聘请专家来计划基础设施项目，如新的道路、建筑、办公室、铁路、机场等，这些项目往往需要两倍的时间和两倍的成本，甚至更糟。这些低估通常是由“计划谬误和团队规模缩放谬误”造成的。

当你考虑到“计划谬误”的影响时，你可以在很大程度上保护自己不受其影响。以下是一些有用的指导：

[1] 由比勒、格里芬和罗斯发表的研究，《人格和社会心理学》杂志（1994）。

· 当我们被要求说出并考虑我们可能要克服的潜在障碍时，我们对时间的估计就会变得更加准确。[1]这意味着，作为计划过程的一部分，你最好让人们列出可能阻碍计划进展的潜在障碍和问题。

· 我们预测得越早，就越有可能低估做事情所需的时间。[2]这种效应是由于一些遥远的障碍对我们来说不那么重要，而我们很快就会遇到的障碍却变得很重要。因此，如果你让某人预测一项任务从明天开始需要多长时间能完成，他们的估计不会像你让他们提前几个月计划的那样乐观。这意味着你可能应该把每项计划当作是明天就要开始一样去着手实践。

---

[1] 皮兹、比勒和威尔逊，《实验社会心理学》杂志（2010）。

[2] 大卫・邓宁在《社会心理学：基本原则手册》上登的《预测：内省》（吉尔福德出版社，2007）。

采取措施，避免成为“团队规模缩放谬误”的牺牲品

如果两个人能在四天内完成一项工作，那么四个人完成同一项工作需要多长时间？一半时间——两天？这似乎合乎逻辑，但它取决于许多因素。例如有多少工作可以同时进行，以及让更多的人在可用的空间工作是有益还是有害。然而，人们总是不切实际地期望，当你在一个团队中增加更多的人时它会有多大帮助。

这种效应被称为“团队规模缩放谬误”，当你计划的工作涉及的人员比你通常分配给某个任务的人员多时，这一效应会非常显著。[1]为保护自己不受这种谬误的影响，你可以将计划细分为小的工作量，直至达到你熟悉的规模。这可能意味着你需要更长时间来制定计划，但这将在很大程度上保护你免受团队规模缩放谬误的影响。

在你的计划中加入应急措施

无论我们多么努力，总会发生一些我们无法计划的事情，这会阻碍进展或增加成本。因此，不要忘记增加一点额外的时间和预算，

[1] B·R. 施塔茨、K·L. 米尔克曼和C·R. 福克斯合著的《团队规模缩放谬误：低估大型团队效率的下降》（出自《组织行为学与人类决策过程》，2012）。

以允许不可预见的情况。

应该增加多少额外的时间或金钱是很难预测的。以下方法可能有助于你做出决定。如果你以前从未做过类似的事情，即使经过你最好的计划努力，你可能在总时间和成本上有50%的不准确。但是，如果你在处理工作方面有相当的经验，你可能能够在5%的准确性内规划时间和成本。

检查你的信念

有一个现实的计划最大的好处可能是心理上的。琐碎的疑虑烟消云散。领导者的信念增强，而且这种信念在团队中蔓延开来。

要成就一番事业，不仅要有行动，更要有梦想；不仅要有计划，更要有信念。

——弗朗索瓦-阿纳托尔·蒂博（1844—1924），法国小说家、记者和诗人，1921年诺贝尔文学奖获得者。

第18章　把计划拆分成可委派的几部分

过多的准备和组织可能会造成官僚负担，阻碍进展，因此直接跳到行动上并尽快开始是非常有吸引力的。但是，在某些时候，你需要将工作分解为可委派的几部分，这样你能够告诉人们他们必须做什么，并与其他人协调他们的工作。本章详细介绍了如何进行这项工作。

这是一项耗费时间、细致入微的工作，你可以选择将其委派给具有恰当经验的人员，然后检查结果。重要的是你有所需的委派工具。

1.分解工作

你已经有了一个包含一系列步骤和目标序列的计划。完成所有这些步骤将能实现最终目标。如果你使用上一章中描述的纸条计划法，那么你的计划将类似于第139页上的图表，该图表在148页会再次呈现出来，并配有关于如何将计划中的两项任务单独拿出来进行细化的说明。

对于每个任务和目标，要把工作细分为行动。把详细的计划分成小块内容，小到足以：

作为一项工作委派下去。

能够使某人检查每一项工作是否完成。

当你这样做时，可能会发现计划中以前被忽略的步骤。如果是，那么就相应地调整计划。

计划中的许多项目将依赖于先前完成的一个或多个步骤。检查你的工作是否按正确的顺序进行。

通常，在开始执行计划之前，计划者会希望将所有的工作分解成详细的量。这减少了遗漏任何重要工作的可能性。但是，有时你需要在确定所需的所有后续操作之前就已经完成一些工作。在这种情况下，你需要为计划的当前阶段分解工作，然后随着计划的进展[1]保持领先。

2.生成委派文件

一份书面委派文件不是委派的唯一方法，而是一个重要的辅助

[1] 通常被称为“滚浪式计划”。

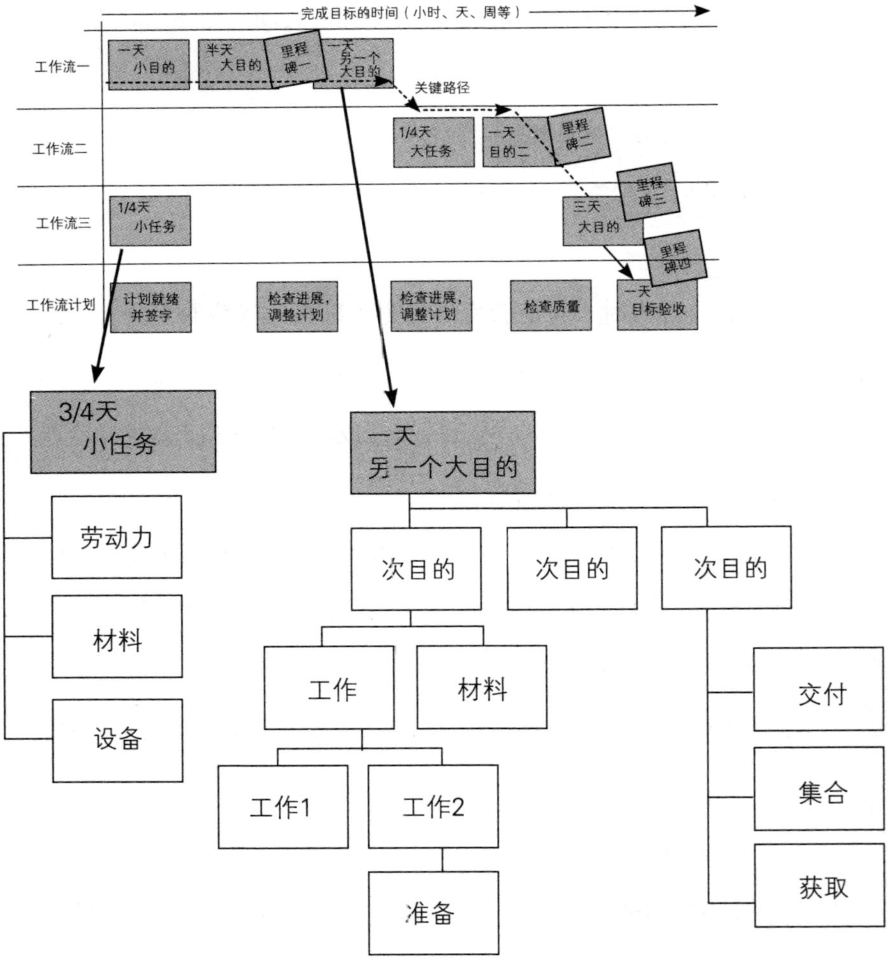

把计划的每一项分解成更小的、可管理的和可委派的部分

记录。它提供可供参考的明确声明，证明什么是必做事项[1]。这样做可以避免误解，而误解是导致人们第一次就做错事情的常见原因。它还强制使用一种有纪律的方法来委派工作，从而避免了许多管理错误。

该文件包含以下必要信息：

· 必须取得什么成就？定义任务／工作／结果／目标。

· 为什么有这个必要？这项工作如何与其他工作相配合。

· 谁来做这件事？指定委派的人，谁将协助，谁将支持，谁将管理。

· 我们怎么知道这项工作何时圆满完成？描述所需标准：质量／成本等。

· 这项工作将在哪里完成？包括相关位置。

· 必须什么时候做？开始和结束日期／时间，允许的最长或最短时间。

· 将提供／需要哪些资源？例如：时间、人员、材料、设备、外部／供应商的出资等。

[1] 检查第13章中的委派指导可能会对你有所帮助。

在某些情况下，双方要签署委派文件。当你要求口头上随便接受工作的人签字时，他们会突然坐起身注意起来。经理人和员工都会停下来思考：“我做得对吗？我是否完全理解其中的含义？我准备好做出这个承诺了吗？在规定的时间内按规定的标准办得到吗？”

委派文件的格式和风格应该简明扼要。冗长的文字会适得其反，因为人们不会全部读完。字数限制在200字以内。这大约是一个普通成年人1分钟的阅读时间[1]。让人们阅读文件，让他们有机会消化内容，并做出任何必要的澄清。

当你委派工作时，重要的是让人们充分了解你想要什么。不要只接受一个简短仓促的协议。坚持要求确定性，甚至你可以让别人解释你要他们做什么，只是为了确保他们充分了解你想要的。

---

[1] 1分钟委派是肯尼斯·布兰查德和斯宾塞·约翰逊在《1分钟经理人》一书中提出的一个想法（威廉·莫罗公司，1982）。

如果你不知道你要去哪里，你可能最终会去其他地方。

——劳伦斯·J. 彼得（1919—1990），加拿大教育家和管理理论家，以“彼得原理”闻名。

第五部分

快速查阅

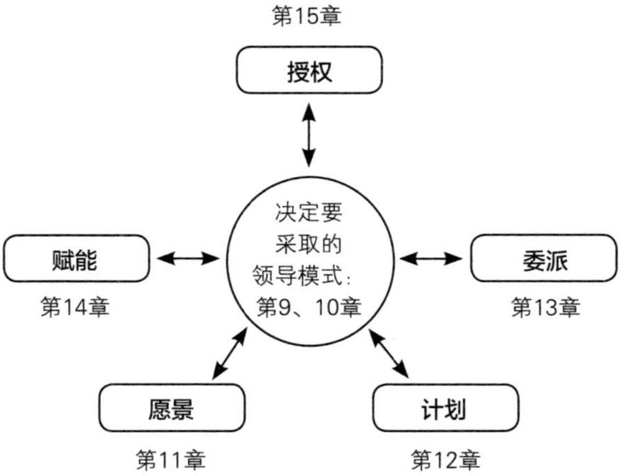

团队领导者：决定领导模式

	认知		模式
1	· 我不确定我的团队应该实现什么目标。 · 我们有一个目标，但定义不明确。	→	愿景
2	· 目标和目的看起来是可行的，但我不知道我的团队将如何实现它们。	→	计划
3	· 我认为我们有一个可行的、现实的计划，但我的团队还没有完全意识到他们的角色。	→	委派
4	· 有些人可能需要帮助来保持进展或适应变化。 · 这项工作应该在团队成员之间或与团队外的其他人进行协调。	→	赋能
5	√人们知道应该实现什么，知道如何去做。 √人们拥有必要的技能和资源。 √任何不足或缺陷都不能阻挡我们前进的步伐。 √每个人都能有效地合作。	→	授权

团队成员的认知

	认知	模式
1	· 我不知道我／我们应该实现什么。	愿景
2	· 我不确信这是可能的。	计划
3	· 我知道我们有如何实现目标的计划，但我不完全理解我的角色。 · 我不相信我们能按时、达标地完成目标。	委派
4	· 如果我在需要的时候得到支持，我可以取得令人满意的进展。 · 我需要我的工作与其他人协调，确保我不受到阻碍。	赋能
5	√我清楚地知道我应该实现什么，知道如何去做。 √我有我需要的技能和资源。 √任何不足、缺陷或其他人都不能阻挡我们前进的步伐。 √我有信心能按时、达标地完成我的目标。	授权

愿景模式目的

- 要有一个定义明确的目标，因为只有当你确切知道目标是什么时，你才能实现它。
- 你相信在一个可接受的确定程度内，你和你的团队在规定的时间范围内，按照商定的标准，利用你现有的资源（劳动力、技能、材料、可用时间、外部支持等）达成目标是可行的。
- 你已经建立了一个目标愿景，这将帮助你鼓舞激励他人。

可行性检查表

1．目标的定义是否毫无疑问，以便每个人都能理解将要实现的目标，并且当它实现时，每个人都能达成一致？

2．在这一过程中必须实现哪些重要目标？

3．你需要什么技能？你的团队拥有这些技能吗？如果没有，你能从其他地方获取吗？

4．你需要什么资源？当你需要它们的时候，你能接触到吗？除了机器和设备、训练、知识、材料、资金，还有什么？

5．哪些工作必须按顺序完成，否则可能延长完成所需的时间？

6．需要多长时间？你有那个时间吗？有时间限制吗？能在规定的时间内完成吗？

7．需要多少成本？这个成本可以接受吗？有最高成本限制吗？

8．哪些工作可以同时完成，从而可能节省时间？

9．你需要来自团队外部的哪些协作？你需要的时候会有吗？

10．你能预测可能出错的地方吗？这些风险可以接受吗？

11．你将如何监控进展，这样你就知道你正在走向成功？

12．还需要考虑什么？

委派模式目的

- 目前的每一项工作都得到了有效的委派。
- 每个团队成员都理解他们的个人目标，其中包括他们必须做什么、怎么做、什么时候做，以及达到什么质量或可衡量的结果。

委派指导

1．如果有一位可靠的经理向你汇报工作，那就委派一些适量的工作给他，让他划分监管。你可以偶尔与经理联系以监控进度。

2．考虑现有的人力资源。如果你委派的所有工作加起来超过了任何一天或一周的可用时间，你需要修改计划或寻求额外帮助。

3．你不需要确切地知道每一个微小的工作将如何完成，但你需要确保做这些工作的人有必要的知识。你的员工的知识和完成工作所需的知识之间有差距吗？如果有，你需要找到一种方法，通过输入额外人员或将部分工作外包，用培训来填补这些缺口。

4．当把工作交给非常有能力的人时，把目标委派给他们，让他们通过决定如何着手实现目标的细枝末节来发挥自己的能力。

5．把它写下来。描述你想要达到的目标。定义一个成功的结果，这样就可以对照这个定义检查完成情况，毫无疑问地达成一致，并庆祝完成。必要时设定完成的目标时间或绝对期限，囊括所有必要的细节以避免误解。

6．始终让人们认同时间表和最后期限是现实的，是可以实现的。强迫人们接受他们认为自己无法完成的最后期限没有任何好处。你需要人们真正相信这是可能的。如果答案是否定的，那就去挖掘原因，并努力创造解决方案。提前处理好这些困难，日后你就会得到回报。

7．不要总是把最差劲的工作给最优秀的人。这会让表现最好的员工陷入困境，他们本来可以为你取得更大的进步。

8．如果员工能力较低，就有必要委派一系列较小的任务，这些任务加在一起就能实现目标。这需要更密切的监督和微观管理。只要有可能，就尽量避免这样做，因为这样会占用你大量的宝贵时间。

9．确保所有必要的材料和资源在需要时都是可用的，如工具、设备、资金等。

10．有效委派后，让员工继续工作，但继续掌控情况。当你对照计划检查进展情况时，给自己写日志。随身携带委派工作情况的日志，这和把工作放在第一位一样重要。

计划顺序

1．头脑风暴；

2．对工作流进行排序和划分；

3．添加里程碑；

4．计算执行计划所需的时间，确定关键路径；

5．采取措施，避免成为“计划谬误和团队规模缩放谬误”的牺牲品；

6．在你的计划中加入应急措施；

7．检查你的信念。

头脑风暴规则

第一步：

接受所有有效的想法，并迅速记录下来，不要停下来加以批判。在这个阶段，不要质疑任何想法，不管它们最初看起来多么愚蠢。消极的想法会扼杀创造力，所以只能表达积极的想法。鼓励每个人都贡献自己的力量，因为通常安静的人想出的点子容易被别人忽略。

在此之前不允许任何干扰，因为它们会扼杀思想的流动。

第二步：

休息一下。当头脑在激烈的头脑风暴后放松时，更多有价值的想法就会浮现在脑海中。马上写下来，否则你会再次忘记的。虽然看起来很疯狂，但的确就是这样。

第三步：

休息后，把增加的想法收集到便利贴上。头脑风暴现在已经完成，你可以切换到评论模式。

赋能模式目的

· 每个人都知道做什么及怎么做。

· 我们拥有所有必要的技能。

· 没有任何不足或缺陷会阻碍进展。

· 人们在一起工作很有效率。

· 我们的进度准时，达到了要求的标准。

· 我相信，我们正在朝着实现我们目前所有目标和目的的方向前进。团队成员也表现出信心。

赋能模式下领导者的措施

1．走动式管理；

2．学习、思考、决定和行动；

3．在前方实地指挥；

4．发现表现出色的人；

5．该坚定的时候要保持坚定；

6．以赋能模式实现领导者的目的。

授权模式目的

- 我们正在按时取得进展，我相信很少或根本不依赖于我的投入，我们正在走向成功。
- 我的很多时间都可以自由地用来为未来做计划。

授权模式下领导者的措施

寻找授权对象。他们将是：

确切了解他们应该实现什么以及如何完成他们的工作的人。

拥有必要的技能和资源的人。

不会因为别人的不足、缺陷或问题而退缩的人。

会感到有信心按时完成目标并达到要求标准的人。

你对其充满信心的人。

后　记

亲爱的读者：

最后有一些想法要告诉你们。

首先，我希望你们在读这本书的时候，会注意到我并没有承诺立即解决问题，也没有保证一帆风顺，而是恰恰相反，因为有效的领导需要持续的思考和行动。但是，如果不付出努力，就不会获得任何有价值的东西。成功通常是有代价的：坚持不懈的努力。但这不应该令你望而却步，因为我们练习得越多，事情就越容易。不要让自己逃避努力，也不要让自己无法迎接领导的挑战。

有关学习，你可能听过这句话，中国的思想家荀子说：“闻之不若见之，见之不若知之，知之不若行之。”在古代，教学主要是口头的，但现在经常是书面的，所以我想把这句话改成“读之不若见之，见之不若知之，知之不若行之”。这也适用于本书的内容。你很可能会忘记你读过的一些东西。然而，荀子的观点是正确的，图片构成了我们记忆[1]的基础，所以我建议你看看这里的插图。

当我们回顾到目前为止的生活时，只有将知识付诸实践，收集知识才有帮助。没有什么比“做”更能帮助我们记住、理解并从中受益。我大力主张你们运用这五种领导方式。当你管理人员和领导团队时，停下来思考你所面临的每一种情况。用这本书来帮助你决定最适合这个场景的领导方式。接下来，决定要采取什么行动，然后继续下去。顺序是反复学习、思考、决定和行动。

适当的积极行动是体验对事和人更多控制力的关键。这样，人们才会更愿意跟随你，帮助你实现目标。

感谢阅读本书。祝你们一切顺利。

斯图尔特 · 怀亚特

[1] 有很多研究证明了这一点。例如，科斯林 · 西格尔博士和卡罗尔 · 西格尔博士最近在哈佛的研究。

你的行为会变成你的习惯，你的习惯会变成你的价值观，而你的价值观会变成你的命运。

——莫罕达斯·卡拉姆昌德·甘地（1869—1948），印度活动家，领导印度反对英国统治，常被称为“印度之父”。